Zibaldone 32

ZIBALDONE

Zeitschrift für italienische Kultur der Gegenwart

Herausgegeben von
Helene Harth und Titus Heydenreich

No. 32
August
2001

Schwerpunkt:
Ligurien

Rotbuch Verlag

Rotbuch Taschenbuch 2012

Umschlagkonzept: MetaDesign
Umschlaggestaltung: +malsy, Bremen
Fotos: stone/J. McDermott
Herstellung: Das Herstellungsbüro, Hamburg
Satz: H & G Herstellung, Hamburg
Druck: Fuldaer Verlagsagentur
Printed in Germany

ISBN 3-434-54805-X
ISSN 0930-8997

Informationen zum Verlagsprogramm finden Sie im Internet
unter www.europaeische-verlagsanstalt.de
bzw. www.rotbuch.de

Inhalt

ZIBALDONE 32

Ligurien

»Wenn man einen Ort beschreiben will, ihn vollständig beschreiben will, nicht als flüchtige Erscheinung, sondern als Teil eines Raumes, der eine Form, einen Sinn und einen Ursprung besitzt, dann muss man seine zeitliche Dimension mit in die Darstellung einbeziehen, man muss die Bewegungen berücksichtigen, die sich in diesem Raum vollziehen, rasant oder mit unerbittlicher Langsamkeit, alle Elemente, die dieser Raum aufgrund seiner gegenwärtigen und vergangenen Beziehungen enthält.« Für den großen ligurischen Schriftsteller Italo Calvino, der diese Sätze 1978 in einer Beschreibung der ligurischen Stadt Savona formuliert hat, ist der geographische Raum mit seinen natürlichen Gegebenheiten stets und von allem Anfang an auch ein kulturell, geschichtlich und sozio-politisch geformter. In einer Region geboren und aufgewachsen zu sein, markiert für ihn – wie seine Erzählung *Dall'opaco (Aus dem Verschatteten)* belegt – eine bestimmte Weise des »In der Wirklichkeit-Seins«, einen konstruktiven Blick auf die Welt. Die Darstellung Liguriens in diesem *Zibaldone*-Heft fühlt sich in diesem Sinn Calvinos Sichtweise verpflichtet. Sie konstruiert eine Landschaft in ihrer geographischen, literarischen, kulturellen und politischen Perspektive, die von starken Kontrasten geprägt ist und die in der Spannung zwischen der Tendenz zur Bewahrung regionaler Traditionen in allen Lebensbereichen und einer unausweichlichen Öffnung auf Dimensionen europäischer Erfahrung ihren Weg zu gehen sucht.

Wir danken der Kulturdezernentin der Stadt Alassio, Monica Zioni, den Mitgliedern der technischen Jury des Literaturpreises

»Un autore per l'Europa«, vor allem Romano Strizioli und Roberto Baldassarre, für die Vermittlung von zahlreichen Kontakten und Anregungen bei der Vorbereitung dieses Heftes. Anja Bandau, Gabriele Penquitt und Sabine Zangenfeind haben die Entstehung des Textes, wie stets, kompetent überwacht und begleitet.

Die Herausgeber

In eigener Sache

Das vorliegende Heft 32 von *Zibaldone* ist das letzte, das nach langer, vertrauensvoller und effizienter Zusammenarbeit beim Rotbuch Verlag, Hamburg, erscheint.

Ab Heft 33 – Frühjahr 2002 – übernimmt der Stauffenburg Verlag Brigitte Narr GmbH, Tübingen, die Betreuung von *Zibaldone.*

Unser Dank als Herausgeber gilt Frau Dr. Sabine Groenewold, die uns vor Jahren die Tore ihres Verlages öffnete und sich mit ihren Mitarbeitern der Zeitschrift sachkundig und engagiert annahm.

Unser Dank gilt gleichfalls Frau Brigitte Narr und dem Stauffenburg Verlag – in Vorfreude auf die gemeinsame Fortführung der Vermittlung italienischer Kultur.

Danken möchten wir rückblickend und ausblickend auch unseren Lesern, die durch Lob und Kritik, durch Schwerpunktvorschläge, Informationen und zahlreiche Anregungen *Zibaldone* wesentlich mitgestalten.

Potsdam und Erlangen, im Juli 2001

Helene Harth
Titus Heydenreich

Domenico Astengo

Von Nizza nach Genua

Eine romantische Reise auf den Spuren von Giulio Cappi

Bis zum Bau der großen Verbindungsstraße »Cornice« gab es von Nizza bis Genua jahrhundertelang nichts als einen schlechten Eselspfad, der sich von dem Weg, den die Römer 125 v. Chr. benutzten, als sie zum zweiten Mal von der griechischen Kolonie in Marseille zu Hilfe gerufen wurden, kaum unterschied. Auch Julius Cäsar nahm 58 v. Chr. denselben Weg und nach ihm die Barbaren...

Der Weg war beschwerlich, die Landschaft aber anrührend und malerisch. Von den zahlreichen Zeugnissen, die uns hiervon geblieben sind, sei die sehr lebendige Beschreibung der Gräfin de Genlis erwähnt, die die Riviera mit einem Gefolge von Dienern und Lakaien bereiste, kurz bevor Europa durch die französische Revolution erschüttert wurde. Nach ihrer Ankunft von Antibes in Nizza an Bord einer Feluke genoss sie in der savoyischen Stadt einen herrlichen Aufenthalt mit langen Spaziergängen in den nahe gelegenen Hügeln und am Strand. Dann beschloss sie, sich der Sänfte anzuvertrauen, während die Männer der Gesellschaft ihre Reise auf den Rücken von Eseln fortsetzten – eine mühsame Erfahrung. Die »Cornice« ist an manchen Stellen so eng, dass sie von nur jeweils einer Person passiert werden kann: »Auf der einen Seite türmen sich riesige Felsen zu einer Art Mauer, die bis in den Himmel zu wachsen scheint; auf der anderen Seite steht man vor einem Abgrund, der fünfhundert Fuß in die Tiefe reicht, unten bricht sich das Meer an den Klippen, mit einem Getöse *aussi triste*, dass es einem Angst einflößt.« An den wirklich gefährlichen Stellen waren die Reisenden gezwungen, vom Pferd abzusteigen und sich aneinander festzuhalten, um nicht zu stürzen. Von Monaco nach Mentone konnte man aufatmen: Die Straße ist wunderschön und der Duft von Orangen und Zitronen und die idyllischen kleinen Wasserfälle sind so bezaubernd, dass sie die schrecklichen Abgründe fast vergessen lassen. Doch hinter den »stolzen Palmenhainen« von Bordighera werden die Reisenden von der Dunkelheit überrascht und müssen in Ospedaletti ihre Reise unterbrechen; sie finden Zuflucht in einem Gasthof, der den drei Edeldamen der Reisegesellschaft nur ein einziges, schreckliches Zimmer zu bieten hat. Für die Herzogin von Chartres gibt es »eine Art Bett aus Eselsdecken und Laubwerk«, Madame de Genlis und ihre Begleiterin müssen es sich auf Getreidehaufen bequem machen. Sie dürften wohl nicht allzu ruhig geschlafen haben, denn das andauernde Nachrutschen der Körner hatte die Gäste dazu gezwungen, fast im Stehen zu schlafen... Und am folgenden Morgen erneut abschüssige Pfade, rauflustige *porteurs*, die ihre Händel einen Schritt vor dem Abgrund austragen, während die Reisende auf der schmalen *chaiselongue* mit einem Dach aus Wachstuch sorgenvoll den Bewegungen der einheimischen Führer folgt.

Nach ausgedehnten Gewaltmärschen und kürzeren Fahrten über das Meer ist das Abenteuer in Genua zu Ende: »Diese Reise« – so der Kommentar der unerschrockenen Madame de Genlis –, »die gefährlichste und zugleich seltsamste, die man nur machen kann, verlief *très gaiement et sans accident*: Sechs Tage waren nötig, um 40 Meilen zurückzulegen. Die Furcht vor den Abgründen zwang mich, mehr als drei Viertel des Weges zu Fuß zurückzulegen, über Steine und scharfe Felsen. Ich kam mit geschwollenen und von Blasen übersäten Füßen, aber bei bester Gesundheit in Genua an.«

Nach dem Ende der napoleonischen Ära änderten sich die Dinge: Der von den Franzosen begonnene Bau der Straße von Nizza nach Genua wurde von der savoyischen Regierung fortgesetzt und fertig gestellt. Mit der Eisenbahn gelangte auch die Riviera in die Reich-

Sicht auf Mentone aus: Domenico Astengo (Hrsg.), *La Riviera Illustrata. Itinerario Bibliografico 1864–1930,* Alassio 1996, S. 27

weite einer größeren Zahl von Touristen; immer häufiger bereisten Italiener und Ausländer die Küste und trugen dazu bei, das Bild eines unendlich schönen Landstriches in ganz Europa zu verbreiten. Die Reisenden kamen aus nebelverhangenen Städten, in denen man Orangen nur dem Namen nach kannte und es »an reifen Früchten lediglich gekochte Äpfel gab«, so Alexandre Dumas in Anspielung auf London.

Um in der Phantasie jene Mittelmeerlandschaft zu erleben, die wie eine Sirene die Reisenden von einst verzauberte, bietet sich ein historischer Reiseführer an, wie der von Giulio Cappi verfaßte Titel *Da Mentone a Genova (La Cornice). Bozzetti per marine, città, paesi e castelli,* der sich schon auf dem Titelblatt als »unverzichtbar für Touristen und andere Besucher der westlichen Riviera« bezeichnet. Die zweite erweiterte, überarbeitete und reich illustrierte Ausgabe erscheint 1888 in Mailand in der Tipografia Bortolotti von Giuseppe Prato; die erste Reise Cappis geht hingegen bereits auf einen »wunderschönen Herbsttag im Jahre 1868« zurück.

Bereits die ersten Zeilen seines Berichts vermitteln sehr gut die Atmosphäre, die uns erwartet: Der Leser wird an die »Cornice« geführt, an »einen echten Streifen Afrikas, der vom Äquatorialkontinent abgespalten wurde«. Die Straße verläuft im Zickzack, schlängelt sich »in steilen Anstiegen und abschüssigen Hängen«; und »manchmal öffnet sich der Pass auf Meereshöhe zwischen Spalieren aus Tamarisken, Oleandern und Agaven; ein anderes Mal windet sich der Pass an den Flanken eines Berges empor, inmitten von dunklen Wäldern aus Steineichen und Pinien, um dann wieder in Schwindel erregende Tiefe abzufallen, wo er die Abgründe säumt und zwischen mit blassem Ginster bedeckten Felsblöcken verläuft, bis er schließlich eine blühende Ebene erreicht, die übersät ist mit Weinstöcken, Obstwiesen, Gärten mit Orangen und Zitronen.« Ab und zu verbirgt sich der Weg in langen Tunnels, die in den massiven Stein gegraben wurden; manchmal öffnet sich der Pass in Richtung Berge, manchmal dreht er sich wieder zum Meer und bietet eine

Ansicht der English Church in San Remo aus: Domenico Astengo (Hrsg.), *La Riviera Illustrata. Itinerario Bibliografico 1864–1930,* Alassio 1996, S. 23

derart große Vielfalt von Perspektiven, dass Cappi sich an das Schauspiel einer *Laterna magica* erinnert fühlt.

Hat man Mentone hinter sich gelassen, so beginnt die Reiseroute auf italienischer Seite bei Balzi Rosse, und bald erreicht man Mortola, die »herrliche Sommerfrische« von Sir Thomas Hanbury, der exotische Pflanzen in der ligurischen Natur heimisch machte. Hinter Ventimiglia, »einem friedvollen Wachtposten, der mit harmlosen Felsen bespickt« die neue Grenze zu überwachen scheint, erwartet uns eine einen Kilometer breite und fünf Kilometer lange Ebene, durchzogen von Bewässerungsgräben für einen »einzigen Wald von Zitrusbäumen, aus dem die eleganten Kronen von Palmen hervorstechen«.

Es ist ein wahrer Zauber unterschiedlicher Formen und Farben: die Buchten, die Gipfel; das Smaragdgrün und das wechselvolle Blau des Meeres – ein Schauspiel, das auch das Herz von Lucy erfaßte, der Heldin des Dottore Antonio, die immer wiederholte: »Hier kann man unmöglich sterben!« Das ganz in der Nähe gelegene Bordighera ruft bei Cappi biblische Landschaften ins Gedächtnis: Er bezeichnet den Ort als ein ligurisches Jericho, das von jungen Mädchen, »neuen Rebeccas« bewohnt wird, die »Wasser aus den von Palmen gekrönten Brunnen schöpfen«. Und es sind gerade die exotischen Pflanzen, die die Faszination der Landschaft ausmachen. Ihre Einbürgerung fällt in die Geburtsstunde des Tourismus, als Deutsche, Engländer, Russen und andere Kosmopoliten in neu errichteten herrschaftlichen Villen ihre Winterresidenz bezogen. Eukalyptus, Magnolien, Bambus, Bougainvillea, Pfefferbäume und Judasbäume, Yuccapalmen, Feigenkakteen, Agaven, Aloe, Opuntien und andere seltene und exotische Pflanzen aus Asien, Afrika, Mexiko, Brasilien, Australien und der Südsee wurden in dieser Region heimisch gemacht, wo vor allem Engländer ihre zweite Heimat fanden und Kirchen, Clubs und Geschäfte eröffneten, die Sehnsucht nach der britischen Insel erst gar nicht aufkommen ließen. Längst vorbei sind die Zeiten der erbärmlichen Unterkunft, mit der sich die unerschrockene Madame de Genlis in Ospedaletti zufrieden geben musste. Zur Zeit Cappis errichteten schon die Franzosen »riesige Häuserzeilen, prunkvolle Casinos, prächtige Boulevards...«. Die Bauspekulation droht bereits die Senke von San Remo zu erreichen, die noch von Anemonen, Jonquille, Veilchen, Hyazinthen und Narzissen übersät ist. Die Bevölkerung hat das alte malerische Viertel verlassen und sich am Fuße des Hügels entlang der Handelsstraßen niedergelassen, die in die *grande route* münden. Hier finden sich die größten Hotels und Geschäfte, die von den Touristen frequentiert werden; der Konversation an den Tischen des Caffè Garibaldi oder der mondänen Welt des Casinos überdrüssig geworden, machen sie einen kurzen Aus-

Ansicht von Alassio aus: Domenico Astengo (Hrsg.), *La Riviera Illustrata. Itinerario Bibliografico 1864–1930,* Alassio 1996, S. 23

flug ins Valle Argentina; im Frühling kommen von dort scharenweise die Bäuerinnen mit Körben voller Veilchen in die Stadt.

Cappi, ein bisweilen undurchschaubarer, aber angenehmer Reisegefährte, ist nicht nur darauf bedacht, die großen Linien der Landschaft nachzuzeichnen; er verfolgt auch aufmerksam die landwirtschaftlichen und kaufmännischen Aktivitäten der Ligurer und prophezeit eine intelligente Integration zwischen dem aufstrebenden Tourismus und der umsichtigen Nutzung eines nicht immer so kargen, verbrannten und rissigen Bodens wie man ihn auf der Strecke von Arma nach Porto Maurizio findet. Aber es sind vor allem die Täler von Porto, die die Neugier von Giulio Cappi wecken. Aus Cipressa und Pompeiana kommen Frühobst und Frühgemüse und die saftigen Sommerfrüchte wie Zitronen und Melonen; in Poggi bezaubert die herrliche Terrasse »Belvedere«; Dolcedo ist der Ölspeicher; in Molini di Prelà laden die Bewohner freundlich ein, ihre erfrischenden Tresterweine zu kosten...

Loblieder findet Cappi auch für die Stadt von Porto Maurizio, für ihre breiten und gut gepflasterten Straßen, die eleganten Gebäude, den Dom, das Theater, das oft geschlossen ist, und für die Ortschaft Oneglia, die durch den Handel mit Öl und Pasta reich wurde.

Hinter Capo Berta öffnet sich die Ebene von Diano, und unser Führer kann seine Begeisterung nicht mehr verhehlen: »Welch reiche Vegetation! Ein Wald aus jahrhundertealten Ölbäumen! Welch Prunk an üppigen Reben! Welch Duft von Zitronen und Orangen!« Zu dieser arkadischen Harmonie gesellt sich, Schritt für Schritt entlang der Straße, der bezaubernde Anblick von Dörfern wie Cervo. Seine Häuser, die sich eines nach dem anderen eng an die steilen Hänge des Capo schmiegen, scheinen ganz aus Balkonen, Loggien, kleinen Terrassen zu bestehen.

Die Landschaft verändert sich in Andora. Der Ort liegt auf einer moorigen und wenig fruchtbaren Ebene, die von nackten, nur mit erbärmlichen Pinien bedeckten Hügeln dominiert wird. Und doch fand der Genfer Wissenschaftler Horace-Bénédict de Saussure diesen Ort hinreißend, weil er das Glück hatte, dort das zu sehen, was die ligurische Küste ihm bislang nicht geboten hatte – eine echte Wiese und Vieh, das zwischen Blumen weidete. Hinter der mittelalterlichen Burg von Andora beginnt wieder der Anstieg. Der Weg ist mühsam, doch glücklicherweise bleibt die Straße auf den steilen Hängen immer dem Meer zugewandt. Wir erklimmen Capo Mele, das die Riviera in zwei Teile teilt und ganz aus einem Wäldchen von Myrten und Mastixbäumen besteht.

Hinter Laigueglia, das noch an die heroische Zeit der ligurischen Seefahrt erinnert, als kleine und große Schiffe den Anker nach Smyrna, Ostindien und Buenos Aires lichteten, scheint sich der »poetische Busen von Alassio« der erwachenden Sonne darzubie-

Val di Sasso bei Bordighera aus: Domenico Astengo (Hrsg.), *La Riviera Illustrata. Itinerario Bibliografico 1864–1930,* Alassio 1996, S. 44

ten: »Es ist ein Nest aus Blumen« – so der lyrische Kommentar von Cappi –, »allein dazu geschaffen, um die Flitterwochen hier zu verbringen.« Alassio ist eine an Ressourcen reiche Stadt; die Engländer haben soeben die ersten Ländereien gekauft und entwerfen bereits bequeme Straßen, herrschaftliche Gebäude und malerische Gartenanlagen. Aber es gibt auch die Erträge aus der Schifffahrt und dem Fischfang, die Geschäfte quellen über von Öl, Lederwaren und Stoffen, Seifen- und Sardinenfabriken betreiben nebeneinander ihren Handel nahe den eleganten Hotels und mondänen Cafés. Es gibt auch ein Theater, und die Flaniermeile verheißt eine Zukunft voller Wohlstand und kulturellem Aufschwung.

Die von Cappi bereiste Riviera ist in Bewegung und blickt nach vorne, heilt die jüngst geschlagenen Wunden eines Erdbebens und ist sich der suggestiven Kraft, die sie auf ihre Besucher ausübt, voll bewusst. Auf der Insel Gallinara geht man zur Jagd und pflanzt Weinberge; das geschichtsträchtige Albenga profitiert von seinen fruchtbaren Obstplantagen; die Vergegenwärtigung längst vergangener Plünderungen durch barbarische Piraten lässt den Besucher von Ceriale noch heute erschaudern; in Toirano findet man die Grotte der Heiligen Lucia, die mit ihrem Wald aus irisierenden Stalagmiten aussieht, als bereite sie sich für ein Fest vor; die Ländereien um Loana exportieren Nüsse und Mandeln, Spargel und Artischocken; in der Werft von Pietra herrscht rege Betriebsamkeit...

Setzen wir gemächlich unsere *petit tour* fort; wir haben Zeit, uns von immer neuen Perspektiven verführen zu lassen: der Halbmond des Strandes, die Bergkette, die verstreuten Weiler, eine alte Burg. Wir erreichen Finale, das »ligurische Hesperien«, und das schroffe Vorgebirge der Caprazoppa hat uns keine Angst eingeflößt. Einst musste man hier von der Droschke absteigen, das Gepäck wurde auf zahlreiche Träger verteilt, während andere Hilfskräfte sich um die Kutsche kümmerten: Mit Hebelkraft schob man die Kutsche voran oder hievte sie auf Stangen und schleppte sie so mühsam über die holprigen Wege, wobei das Gefährt nicht selten in die Brüche zu gehen drohte. In der Zwischenzeit bestiegen die Reisenden magere Klepper, die um die tückischen Kurven stolperten...

In der Hochsaison sollte man Finale nicht verlassen, ohne die eine oder andere exquiste »mela carla« probiert zu haben – eine berühmte Apfelsorte (so M. Valery in seiner *Italie confortable* von 1841), die zwar nur von mittlerer Größe ist, aber unvergleichlich in ihrem leichten, feinen Geschmack und nicht weniger frisch und saftig als die »stolzen Orangen«, die man überall an der Küste findet. Es ist bedauerlich, dass sich die berühmte Agrumenpflanzung des Grafen Alizieri, zwischen Finalmarina und Finalborgo, nicht mehr wie zu Zeiten des Reisenden Cappi ihrer Hunderte von fabelhaften Bäumen rühmen kann, von denen jeder acht- bis zehntausend Früchte hervorbrachte.

Blickt man durch das hinreißende in den Fels von Capo Noli

Palmenhain von Bordighera aus: Domenico Astengo (Hrsg.), *La Riviera Illustrata. Itinerario Bibliografico 1864–1930*, Città di Alassio 1996, S. 26

gehauene »Fernrohr«, sieht man den Balkon des Levante: Hinter der sanften Biegung bei Noli strahlen die Häuser von Spotorno, und weiter hinten scheint der Capo di Vado der Insel Bergeggi nachlaufen zu wollen. In Vado rauchen die Ziegel- und Keramikbrennereien, doch bevor wir die Industriestadt Savona erreichen, erwarten uns anmutige Villen, unzählige Hängegärten blühender Orangen-, Mandel- und Pfirsichbäume.

Landschaften, unberührte Umwelt, Landwirtschaft und Handel: Und wo bleiben die Menschen der Riviera? In den Schilderungen Cappis scheinen die Fischer von Noli, die Töpfer von Albisola, die Schiffsbauer von Spotorno zu Schatten reduziert. Nur in Celle treten die Ligurer in die Bilder seiner Beschreibungen: Eine Schar von Jungen läuft über den feinen Sand des Strandes einem näher kommenden Zug entgegen; sie strecken den Waggons die Hände entgegen, »bitten aus voller Kehle um einen Soldo« und balgen sich um die eine oder andere Münze, die ein Reisender ihnen zugeworfen hatte.

Hinter Varazze, entlang der romantischen Küstenstraße, von der »enge, dunkle und gewundene Feldwege« abgehen, gelangen wir bei Capo d'Invrea in die Wälder von Pinien und Tannen, Sommereichen und Steineichen, wo es vor einem Jahrhundert noch reiches Wildbret gab. In Cogoleto, in einem ärmlichen, mit groben Fresken dekorierten Haus, soll der Legende des 19. Jahrhunderts zufolge Christoph Columbus geboren worden sein. Als um 1860 der französische Geograph Élisée Reclus in Cogoleto weilte, beobachtete er, wie irgendjemand einen Globus vor den erstaunt blickenden Bauern drehte und sie aufforderte, mit den Augen die Route zu verfolgen, die der berühmte Mitbürger als Erster bereist hatte: »Sie waren stolz , als hätte ein jeder von ihnen seinen Teil des amerikanischen Kontinents entdeckt.«

In Voltri ist es kalt, aber die Feriengäste verbringen dort heitere Sommer und scheinen den zahlreichen Papier-, Tuch- und Stofffabriken, den Schmelzhütten und Schiffswerften, die das Gesicht der Riviera zu verändern beginnen, kein allzu großes Gewicht beizumessen. Der industrielle Fortschritt fordert seinen Tribut, und doch erscheint die Landschaft noch nicht entehrt: Sie bewahrt noch Spuren ihrer alten Schönheit, und Pegli genießt, ähnlich wie Sorrent, dank seiner Gärten, »die kaum hinter denen von Rom und Montecarlo zurückstehen«, großes Ansehen in ganz Europa. Es lohnt die Mühe, sich beim Besuch der Villa Rostan Nomellini von Giulio Cappi führen zu lassen. Ihr Park – ein bedeutendes Werk von Andrea Tagliafichi – wurde vor genau fünfzig Jahren zerstört, um einer Sportanlage Platz zu machen. Dank der Beschreibungen Cappis sehen wir für einen Augenblick die uralten Pflanzen vor uns, das Feldtheater und die antiken Überreste, von denen man annehmen könnte, »sie seien aus purem Zufall entdeckt und nicht aus künstlerischem Interesse aufgestellt worden«. Lässt man seiner Phantasie freien Lauf, so richtet sich der Blick auf ferne Länder, auf einen bezaubernden See, auf natürliche Wasserfälle. Dann befinden wir uns nicht mehr an der Riviera, sondern mitten in einer Landschaft aus *Tausendundeiner Nacht*, dieser märchenhaften Landschaft, die die Seele von Giulio Cappi verzauberte.

Weitere Gärten und Fabriken finden wir auch in Sestri und Cornigliano, die einen einzigen Ort bilden. Wir sind nicht weit von Sampierdarena entfernt – »dem neuen und ruhelosen Manchester«, das das Verschwinden von Parks, Gärten und Obstplantagen klaglos hingenommen hat.

Bei seiner Ankunft in Genua scheut der Autor nicht, sich mit dem Bekanntheitsgrad der Stadt zu messen, die stolz auf »ihre hundert Marmorpaläste ist«. Er lässt die berühmten Orte beiseite und widmet die letzten Seiten seiner leidenschaftlichen Pilgerfahrt einer botanischen Untersuchung auf Mauern, Dächern und Felsen am Meer. Hier die Sträucher der *Euphorbia caracias*, dort die elegante *Lamarkia aurea*. Die Faszination der Riviera liegt auch in diesen einfachen und strahlenden Schöpfungen, die eines verliebten Blickes bedürfen, um ihr Geheimnis zu lüften.

Übersetzung: Sabine Zangenfeind

Massimo Boero

Das Festival von San Remo

Fünfzig Jahre italienische Schlager

Von Nilla Pizzis rührseligem »Grazie dei fior« bis zu Modugnos Hymne auf den Traum »Nel blu dipinto di blu«

»Meine Damen und Herren, willkommen im Casinò von San Remo zu einem einzigartigen Abend, veranstaltet vom staatlichen italienischen Rundfunk RAI«, mit diesen Worten kündigte der Ansager Nunzio Filogamo das Ereignis über den Äther an. Es war Montag, der 29. Januar 1951, die Geburtsstunde des Festivals von San Remo. Für die Dauer von drei Tagen sollten die überall in Italien anzutreffenden Liebhaber des Belcanto vom Radio nicht mehr loskommen. Im Festsaal des Casinò, für die nächsten 25 Jahre exklusiver Austragungsort des Festivals, spielte das Orchester unter Cinico Angelini auf, während ein eher durchschnittliches, nicht besonders aufmerksames Publikum in Abendgarderobe festlich speiste, bevor es sich an die Spieltische begeben würde. Die erste Veranstaltung des Schlagerwettbewerbs von San Remo ging mit zwanzig Beiträgen, die allesamt von der jungen Nilla (Dionilla) Pizzi im Wechsel mit Achille Togliani mit dem Duo Fasano, den singenden Schwestern Dina und Delfina aus Turin, vorgetragen wurden, nahezu unbemerkt vorüber. Den Zeitungen war das Ereignis nur wenige Zeilen wert. Mit sechsunddreißigtausend anschließend verkauften Platten wurde der Siegertitel »Grazie dei fior« in der Interpretation von Nilla Pizzi aber dann doch noch ein Erfolg. Den zweiten Platz errang der langsame Tango »La luna si veste d'argento«, gesungen von Pizzi und Togliani. Die ursprüngliche Idee zu dem erfolgreichen, von der RAI veranstalteten und später noch erweiterten Dauerbrenner stammte von dem Industriellen Pier Busseti, dem Leiter des Casinò. Die von Nunzio Filogamo geprägte, mittlerweile Tradition gewordene Begrüßung: »Liebe Freunde von nah und fern, guten Abend!«, trug das Festival 1952, im zweiten Jahr seiner Existenz, in die italienischen Wohnstuben. Nilla Pizza wiederholte mit »Vola Colomba« den im Vorjahr erreichten Erfolg. Sie ließ es aber beim ersten Preis nicht bewenden, sondern sicherte sich auch gleich noch den zweiten und dritten, die ihr für den Überraschungserfolg »Papaveri e papere«, von dem an die dreißig Coverversionen in der ganzen Welt produziert wurden (u. a. von Bing Crosby und Yves Montand) und für »Una donna prega« verliehen wurden. Abgesehen von der Bestätigung der Erfolge von Pizzi, Togliani und dem Duo Fasano, machte das Festival ein größeres Publikum mit zwei weiteren Interpreten bekannt: Gino Latilla und Oscar Carboni. In seinem dritten Jahr, 1953, als das Festival allmählich auch das Interesse der Plattenindustrie auf sich zu ziehen begann, wurde die Form des doppelten Vortrags eingeführt, d. h. ein Wettbewerbsbeitrag wurde an einem Abend von zwei verschiedenen Interpreten präsentiert. Den Sieg errang »Viale d'autunno«, gesungen von Carla Boni bzw. Flo Sandon's. Das Gespann Nilla Pizzi und Teddy Reno landeten mit »Campanaro« auf dem zweiten Platz. Teddy Reno, späterer Ehemann der Sängerin Rita Pavone, war übrigens damals der Jüngste. Ihm und Achille Togliani wurde für den Beitrag »Lasciami cantare una canzone« auch noch der dritte Platz zugesprochen, den die Jury in diesem Jahr gleich zweimal vergab. Gino Latilla und Giorgio Consolini wurde als Interpreten von »Vecchio scarpone« gleiche Anerkennung zuteil. Ein Jahr später, 1954, holten sich die beiden Letzteren mit »Tutte le mamme« den Sieg, gefolgt von »Canzone da due soldi« in der Interpretation von Achille Togliani bzw. Katina Ranieri und »E la barca tornò sola«, wiederum von Latilla mit dem Duo Fasano bzw. Franco Ricci. Die fünfziger Jahre waren, zumindest bis 1957, durch den Erfolg von schnulzigen

Melodien *all'italiana* gekennzeichnet. Im Jahr 1955 ging der Sieg an Claudio Villa und Tullio Pane als Interpreten von »Buongiorno tristezza«. 1956 gewann »Aprite le finestre«, gesungen von Franca Raimondi (in diesem Jahr wurden die Titel jeweils nur von einem Interpreten vorgetragen). Claudio Villa, inzwischen zum *reuccio*, dem ›kleinen Schlagerkönig‹ gekürt, platzierte sich 1957 erneut auf Nummer eins mit »Corde della mia chitarra«, im Gespann mit Nunzio Gallo. Ein Aufruhr der Gefühle ergriff das Festival 1958, als Domenico Modugno (mit Jonny Dorelli) auf der Bühne des Casinò die Arme ausbreitete und zu einem symbolischen Flug abhob, der sein Lied um die ganze Welt tragen sollte. Der Hit »Nel blu dipinto di blu« (erster Preis) mit seinem Kehrreim »volare oh oh« gilt noch heute als eine Art Nationalhymne. Eine Bestätigung ihres Erfolgs erfuhren Modugno und Dorelli 1959 mit dem Sieg für »Piove«, dem bekannten »ciao, ciao bambina«.

Die sechziger Jahre zwischen ›Heulern‹, Evergreen und *big*

Die zehnte Veranstaltung des Festivals von San Remo verhalf mit der Auszeichnung von »Romantica« einem neuen Genre zur Anerkennung, den ›gebrüllten‹ Schlagern. Tony Dallara, der erste italienische ›Heuler‹, wurde 1960 zusammen mit Renato Rascel für diesen Song zum Sieger von San Remo ernannt. Im selben Jahr trat die neunzehnjährige Mina Mazzini zum ersten Mal im Festsaal des Casinò auf. Ihre einzigartige und unverwechselbare Stimme kann sich bis heute in der italienischen und internationalen Musiklandschaft behaupten. Leider blieb dem zukünftigen ›Tiger von Cremona‹, wie vielen anderen Berühmtheiten auch, der Erfolg auf dem Festival von San Remo versagt. Das von ihr vorgetragene Lied »È vero« landete auf dem sechsten Platz. Noch unglücklicher verlief ihre doppelte Beteiligung im folgenden Jahr mit »Io amo tu ami« (siebter Platz) und dem unbeschwerten »Le mille bolle blu«, das gerade mal Platz neun erreichte. Während 1961 noch einmal die melodische Richtung von »Al di là« von Luciano Tajoli und der ›Brüllerin‹ Betty Curtis Oberhand gewann, aus der Feder eines gewissen Giulio Rapetti (Künstlername Mogol), konnten zwei der ganz Großen die Jury für sich gewinnen. Der zweite und dritte Platz gingen an »24 mila baci«, ganz im Stil der Rockmusik, vorgetragen von dem sich in den Hüften wiegenden, für jede Überraschung guten Adriano Celentano (und Little Tony), und »Il mare nel cassetto« von Milva, die sich damit sofort den Spitznamen ›der Panther von Goro‹ erwarb. Beide Titel trafen bei Publikum und Jury auf große Zustimmung. Weit abgeschlagen vom Ziel landeten dagegen außer Mina auch Gino Paoli und Giorgio Gaber. Zwar ging 1962 der Schlager »Addio... addio...!« in der Interpretation von Domenico Modugno und Claudio Villa als Festivalsieger hervor, die eigentliche Entdeckung des Jahres aber hieß »Quando quando quando«, ein von Tony Renis geschriebener und gesungener Evergreen, der im Nu Italiens Gassen eroberte, bevor er seinen Lauf um die ganze Welt antrat. Zusammen mit Emilio Pericoli konnte Renis 1963 mit »Uno per tutte« erneut den Wettbewerb für sich entscheiden. Das Jahr 1964 brachte, was den Ablauf des Wettbewerbs betrifft, eine wichtige Neuerung. Die nominierten Sänger traten von nun an im Gespann mit einem ausländischen Künstler auf, darunter so berühmte Namen wie Paul Anka, Ben E. King, Frankie Laine und Gene Pitney. »Non ho l'età (per amarti)«, Siegertitel des Festivals, brachte, im Gespann mit Patricia Carli, eine sehr junge (und züchtige), dem Bild von einem unverdorbenen Italien huldigende Gigliola Cinquetti auf die Bühne, die schon den Wettbewerb *Voci nuove* in Castrocaro für sich entschieden hatte und nach dem Durchbruch in San Remo auch auf dem Eurofestival in Kopenhagen triumphierte. Die zweite Überraschung bestand in Roberto Satti, mit Künstlernamen Bobby Solo. Sein Lied »Una lacrima sul viso« arrivierte zur meistverkauften Platte des Jahres und ebnete ihm den Weg zum Erfolg mit »Se piangi se ridi« im Jahre 1965. Auf der fünfzehnten Veranstaltung des Festivals waren noch andere Größen aus der Musikwelt vertreten, wie Pino Donaggio, der bereits 1964 in San Remo aufgetreten war, und die Debütanten Ornella Vanoni, Fred Bongusto, Bruno Lauzi, Iva Zanicchi und Nicola di Bari. Das Jahr 1966 brachte nicht nur Lucio Dalla zum ersten Mal (glücklos) auf die Bühne, sondern auch Pat Boone, Orietta Berti, Caterina Caselli, die mit ihrer Frisur die ›Goldhelm‹-Mode einführte, Sergio Endrigo und die Gruppe Equipe 84. Schlager wie »Il ragazzo della via Gluck« von Adriano Celentano und »Nessuno mi può giudicare« von Caterina Caselli wurden von »Dio come ti amo« auf die hinteren Plätze verwiesen. Dieser Titel verhalf Domenico Modugno zu seinem vierten Sieg in San Remo, Gigliola Cinquetti, diesmal in der Version sexy, zu ihrem zweiten. Die Prämierung von »Non pensare a me« von Iva Zanicchi und Claudio Villa im Jahre 1967 wurde von dem Selbstmord des *cantautore* Luigi Tenco überschattet, dessen »Ciao amore, ciao« von der Endrunde ausgeschlossen worden war. Ihr Debüt gaben in diesem Jahr die Sänger Sonny und Cher, Dalida, Peppino di Capri, Marianne Faithfull, die auf dem Festival auch von ihrem Ehemann Mick Jagger, Bandleader der Rolling Stones, besucht wurde, und Dionne Warwick. Die Jahre 1968 und 1969 sind vor allem wegen des Auftritts des Jazztrompeters Louis ›Satchmo‹ Armstrong im Wettbewerb mit »Mi va di cantare« beziehungsweise des Debüts von Lucio Battisti mit »Un'avventura« in Erinnerung geblieben. Der von Sergio Endrigo im Wechsel mit Roberto Carlos vorgetragene Schlager »Canzone per te« errang auf dem Festival 1968, an dem auch Al Bano, Shirley Bassey, Wilson Pickett, Massimo Ranieri und Fausto Leali teilnahmen, den ersten Platz. Im Jahr 1969, in dem Bobby Solo und Iva Zanicchi mit »Zingara« gewannen, debütierten außer Battisti auch die Gruppen Dik Dik und die New Trolls, Nada (im Alter von 15 Jahren), Mal, Rita Pavone und Stevie Wonder.

Bands und Musikgruppen geben in den Siebzigern den Ton an

»Chi non lavora non fa l'amore«, sang das ›schönste Paar der Welt‹, Adriano Celentano und seine Frau Claudia Mori, auf der zwischen dem 26. und 28. Februar 1970 veranstalteten zwanzigsten Austragung des Festivals und gewann damit den ersten Preis. Als bester Wettbewerbsbeitrag stellte sich jedoch »La prima cosa bella« heraus, der sich auch dank der ausgezeichneten Interpretation von Nicola di Bari und dem erstmals öffentlich auftretenden Vokalensemble Ricchi e Poveri für den zweiten Platz klassifizieren konnte. Als weitere Neulinge auf dem Festival erschienen Patty Pravo, die im Gespann mit Little Tony »La spada nel cuore« vortrug, Sandie Shaw, die Gruppe Camaleonti und ein unbekannter Rosalino Cellamare, der spätere Liedermacher Ron. Die Prämierung von »Il cuore è uno zingaro« im Jahre 1971 verhalf zwei Sängern endgültig zur Anerkennung, die sich in der italienischen Unterhaltungsmusik bereits Spitzenplätze erobert hatten: Nicola di Bari, der mit »I giorni dell'arcobaleno« 1972 das Festival erneut gewann, und Nada. Die Auszeichnung mit dem zweiten Platz bedeutete für die Gruppe Ricchi e Poveri und Josè Feliciano, die eine außergewöhnliche Interpretation von »Che sarà« dargeboten hatten, eine wichtige Bestätigung. Der dritte Platz wurde an den autobiographisch gefärbten Beitrag von Lucio Dalla »4/3/1943« vergeben, präsentiert auch von Equipe 84. Das Lied wurde zu einem Meilenstein der italienischen *canzoni d'autore*. Im Jahr 1972, das Orchester spielte inzwischen unter der Leitung des Dirigenten Frank Pourcel, wurde die Form des doppelten Vortrags wieder abgeschafft. Proteste, Auseinandersetzungen und Krisen machten vor dem Festival nicht Halt, auch hier hielt ein schärferer Wind Einzug. Erwähnenswert sind für dieses Jahr vor allem der Auftritt der Gruppe Delirium unter der Leitung des Liedermachers Ivano Fossati mit dem Song »Jezahel«, das geglückte Debüt von Marcella mit »Montagne verdi«, die Teilnahme des bereits berühmten Gianni Morandi, der da-

Die CD-ROM enthält:

150 Texttafeln; 700 Abbildungen; 30 Minuten Video; 40 Minuten Audio-Erläuterungen; 18 Minuten Hintergrundmusik; Eine begehbare 3D-Ansicht in QTVR; Vier interaktive Großansichten in QTVR; Eine interaktive Chronologie; Ein interaktives Verzeichnis der Texte und Filme; Ein Album mit den Abbildungen; Mit direkter Verbindung zur Internet-Adresse www.italianriviera.com (Datenbank des APT »Riviera delle Pame«).

mals in San Remo seinen Einstand gab. Dazu kommt die noch unbekannte Carla Bissi (Siegerin im Jahr 1981 unter dem Namen Alice) sowie, nicht zu vergessen, »Piazza Grande«, der Epoche machende Song von Lucio Dalla. Mit »Un grande amore e niente più« ging Peppino di Capri 1973 als Sieger des Festivals hervor, das auch das Debüt von Roberto Vecchioni mit »L'uomo che si gioca il cielo a dadi« sah. Das Festival von 1974, der erste Preis ging an Iva Zanicchi mit »Ciao, cara, come stai?«, konnte nicht einmal hunderttausend Plattenverkäufe vermelden. Unter den sofort in Vergessenheit geratenen Autoren der Wettbewerbsbeiträge befanden sich auch Riccardo Cocciante und Claudio Baglioni. Zum ersten Mal kletterte auch Raoul Casadei und sein Orchester auf die Bühne. Das Einzige, was von der 25. Jubiläumsveranstaltung des Festivals im Jahre 1975 in Erinnerung geblieben ist, auf dem die Debütantin Gilda mit »Ragazza del Sud« den Sieg davontrug, ist das niedrige Niveau der Beiträge und die Fülle unbekannter Namen bei den Wettbewerbsteilnehmern. Die Zahl der verkauften Platten blieb unter vierzigtausend. Peppino di Capri landete mit »Non lo faccio più« 1976 seinen zweiten Sieg in San Remo, gefolgt von dem Duo Wess und Dori Ghezzi, der späteren Frau De Andrè, mit »Come stai, con chi sei«. Der dritte Platz ging gleichermaßen an Sandro Giacobbe mit »Gli occhi di tua madre« und die Gruppe Albatros von Toto Cutugno, die mit »Volo AZ 504« zum ersten Mal in San Remo auftrat. Die vielen neuen Bands, die in den ausgehenden siebziger Jahren noch einmal die Bühne betraten, haben die Musiklandschaft im Weiteren entscheidend bestimmt. 1977 war das Jahr der Gruppen; sie stellten allein sechs der insgesamt zwölf Teilnehmer und konnten alle führenden Plätze für sich verbuchen. Spitzenreiter in der Gunst der Juroren wurde die Band Homo Sapiens mit »Bella da morire«, gefolgt von den Collage mit »Tu mi rubi l'anima« und, auf dem dritten Platz, den Santo California mit »Monica«. Das Jahr 1977, in dem die Gruppe Matia Bazar, Gewinner von 1978 mit »... E dirsi ciao«, und die mit Bonbons um sich werfende Donatella

Rettore ihr Debüt gaben, brachte eine weitere Neuerung: der Umzug der Veranstaltung aus dem historischen Festsaal des Casinò in das Teatro Ariston, ein multifunktionelles Gebäude, das in Erwartung der Errichtung des für das dritte Jahrtausend angekündigten Megagebäudes bis heute der offizielle Sitz des Festivals geblieben ist. Erfolgreich verlief das Festival 1978 auch für Anna Oxa (zweiter Platz) und Rino Gaetano (dritter Platz). Erstere trat als Interpretin des Liedes »Un'emozione da poco« auf, das später in »C'è una ragione« umgetauft wurde. Mehr als mit ihrem androgyn gestylten Punk-Look konnte sie das Publikum und die Jury mit ihrer mächtigen und modulierfähigen Stimme überzeugen. Rino Gaetano dagegen, der mit »Gianni« auftrat, verstand es, mit seinen selbst verfassten, mit Ironie und Scharfsinn gewürzten Songs auf sich aufmerksam zu machen. Die siebziger Jahre gingen 1979 mit einer eher kläglichen Veranstaltung zu Ende, bei der »Amare« des unbekannten Mino Vergnaghi, der ein solcher auch weiterhin bleiben sollte, zum Sieger gekürt wurde.

Die neue Pop-Generation der achtziger Jahre auf der Bühne des Ariston

Die achtziger Jahre begannen im Zeichen der Provokation und der Diskomusik. Im Glanz bunter Lichter, Spiegel und Lasershows, die das ungebrochene Fortwirken des Ende der Siebziger ausgebrochenen »Saturday night fever« kennzeichneten, führte 1980 durch die dreißigste Veranstaltung des Festivals ein überkandidelter und rotzfrecher Roberto Begnini, der spätere Oscarregisseur und -schauspieler. Eine Welle der Entrüstung brach gegen ihn los, als er Olimpia Carlisi, die mit ihm zusammen die Moderation leitete, vor laufenden Kameras 45 Sekunden lang küsste und, schlimmer noch, den Papst überraschend mit einem abfälligen ›*woitilaccio*‹ bedachte. Als eindeutiger Sieger des Spektakels ging der Liedermacher Toto

Cutugno mit »Solo noi« hervor, der in den achtziger Jahren noch öfter das Siegertreppchen besteigen sollte. Zum ersten Mal traten Pupo und die von dem Liedermacher Enrico Ruggeri geleitete Band Decibel auf. Auf dem Festival von 1981 strich eine kämpferische Alice mit »Per Elisa«, das sie zusammen mit Franco Battiato und Giusto Pio verfasst hatte, den Sieg ein. Der zweite Platz ging an die talentierte Fernsehsoubrette Loretta Goggi mit »Maledetta Primavera« und der dritte an Dario Baldan Bembo mit »Tu cosa fai stasera«. 1982 konnte sich »Storie di tutti i giorni« von Riccardo Fogli gegen »Felicità« von Albano und Romina (zweiter Platz) durchsetzen, während Terzo Drupi mit »Soli« den dritten Platz belegte. Vasco Rossi hingegen gab ein eher glückloses Debüt zum Besten. Gleich zwei Kometen der italienischen Schlagerszene stießen 1983 auf Spitzenplätze vor: Tiziana Rivale qualifizierte sich mit »Sarà quel che sarà« als Siegerin, gefolgt von der mitreißenden Donatella Milani mit »Volevo dirti«; der dritte Platz fiel an Dori Ghezzi mit »Margherita non lo sa«. Zucchero Forniciari schaffte es bis zur Endrunde, während Amedeo Minghi, der ebenfalls zum ersten Mal antrat, schon nach dem ersten Durchlauf ausscheiden musste. Von 1984 an wurden zwei Abteilungen eingerichtet, in denen sich die zum Wettbewerb antretenden Sänger präsentierten. Die Abteilung der ›*big*‹ war den bereits etablierten Stars im Showgeschäft vorbehalten, während in der Kategorie ›*nuove proposte*‹ der Nachwuchs auftrat. Für beide Abteilungen war ein eigener Preis zu vergeben. Mit »Ci sarà« holten sich Al Bano und Romina den ersten Platz, aber die eigentliche Entdeckung bestand in dem blutjungen Eros Ramazzotti, der das Nachwuchsfestival mit »Terra Promessa« gewann und zielstrebig eine Karriere unter den Großen der internationalen Popkultur ansteuerte. 1985, der Sieg ging diesmal an Ricchi e Poveri mit »Se m'innamoro«, trat großspurig der fünfzehnjährige Mexikaner Luis Miguel ins Rampenlicht. Den endgültigen Durchbruch erzielte Ramazzotti 1986 mit »Adesso tu«, das sich gegen die verschmitzte Ironie von Renzo Arbores »Il clarinetto« (zweiter

Platz) durchsetzen konnte. 1987 stellte sich ein überraschend zusammengefundenes Trio der alten Schlagergarde zur Wahl, bestehend aus Gianni Morandi, Enrico Ruggeri und Umberto Tozzi, die mit der Solidaritätshymne »Si può dare di più« den ersten Platz errangen. Unter den Nachwuchskandidaten trug Zarrillo mit »La notte dei pensieri« den Sieg davon. Eine traurige Mitteilung am Rande: Während der Direktübertragung des letzten Abends der Veranstaltung gab der Moderator Pippo Baudo den Tod des ›*reuccio*‹ Claudio Villa, des kleinen Schlagerkönigs, wie er von allen genannt wurde, bekannt. Zwanzig Jahre nach seiner letzten Teilnahme gewann Massimo Ranieri mit »Perdere l'amore« das Festival von 1988. Toto Cutugno kam zwischen 1987 und 1989 dreimal um Haaresbreite an den Sieg heran. Seine Titel »Figli«, »Emozioni« und »Le mamme« landeten allesamt auf dem zweiten Platz. Bravour und Eleganz in Verbindung mit einem mitreißenden Stimmenduett verhalfen Anna Oxa und Fausto Leali mit »Ti lascierò« 1989 zum Sieg. Mietta mit »Canzoni« und Paola Turci mit »Bambini« setzten sich in den Kategorien der Neuen bzw. der Aufsteiger an die Spitze. Den großen Namen zum Trotz stellte ein Kabarettist, Francesco Salvi, den meistverkauften Titel des Jahres auf, den ironischen, ohrwurmverdächtigen Song »Esatto«. Die achtziger Jahre endeten mit der Teilnahme des forschen Hip-Hop-Rappers Jovanotti mit »Vasco«.

Die Rückkehr zum Live-Orchester. Der Aufstieg von Pausini und Bocelli ins internationale Musikgeschäft

Das Festival zog 1990, zu seinem Schaden, in ein kaltes, riesiges und unübersichtliches Gebäude mit dem Namen Palafiori um. Positiv wirkte sich dagegen die endgültige Abkehr vom Playback aus, die mit der Rückkehr des Orchesters großen Stils besiegelt wurde. Einen weiteren Rückgriff auf die Anfänge stellte die wieder eingeführte Kopplung von italienischen und ausländischen Sängern für die einzelnen Wettbewerbsbeiträge dar. Das Rennen machte die Gruppe Pooh mit »Uomini soli« (im Gespann mit Dee Dee Bridgewater), gefolgt von dem ewigen Zweiten Toto Cutugno mit »Gli amori«, das auch von Ray Charles gesungen wurde, und von dem Duo Amedeo Minghi und Mietta mit »Vattene amore«, denen Nikka Costa zur Seite trat. Im Nachwuchswettbewerb machte sich das zornige »Disperato« von Marco Masini Luft. Erwartungsgemäß wurde 1991 »Se stiamo insieme« von Riccardo Cocciante Festivalsieger, aber der größte Beifall fiel dem Liedermacher Renato Zero zu, der mit »Spalle al muro« auf dem Festival debütierte. Er erreichte den zweiten Platz, zusammen mit Grace Jones. Masini konnte mit »Perché lo fai« seinen Vorjahreserfolg bestätigen, er brachte es auf den dritten Platz. Nach dem gleichen Schema gewann Paolo Vallesi 1991 zunächst mit »Le persone inutili« in der Kategorie der Neuen, bevor er 1992 mit »La forza della vita« bei den *bigs* sofort auf Platz drei rückte. Er wurde dabei von einer umwerfenden Mia Martini überholt, die mit »Gli uomini non cambiano« auf Platz zwei kam, und von Luca Barbarossa, dem mit »Portami a ballare«, einem seiner Mutter gewidmeten Song, der Sieg zugesprochen wurde. Das Rockstück »Mistero« von Enrico Ruggeri ging 1993 als Siegertitel hervor. Es vollzog einen Bruch mit der bei der Jury so überaus geschätzten Tradition des Melodischen. Cristiano De André, Sohn des verstorbenen Fabrizio, gab mit »Dietro la porta« eine beachtliche Performance zum Besten. Bei den Jungen machte ein neues Talent auf sich aufmerksam, das bald den internationalen Markt erobern sollte. Die Platten von Laura Pausini, Siegerin mit »La solitudine«, verkaufen sich heute auf der ganzen Welt. Auch ihr gelang 1994 mit »Strani amori« der Sprung zu den ganz Großen und dort auf den dritten Platz. Einen Platz weiter brachte es der Kabarettist Giorgio Faletti, der mit »Signor tenente« Zweiter wurde, während der blinde Aleandro Baldi mit »Passerà« den Sieg davontrug. Der (ebenfalls blinde) Tenor Andrea Bocelli, inzwischen ein Künstler von internationalem Ruhm, wurde vom Festival San

Remo 1994 herausgebracht. Damals konnte er sich mit »Il mare calmo della sera« im Nachwuchswettbewerb behaupten. Die beste weibliche Stimme der neunziger Jahre gehörte zweifellos Giorgia, die sich 1995, nachdem sie im Vorjahr in San Remo debütiert hatte, mit »Come saprei« an die Spitze setzen konnte. Gianni Morandi und Barbara Cola mit dem fetzigen Duett »In amore« mussten sich mit dem zweiten Platz zufrieden geben, und die ehemalige Tanzkönigin Spagna landete mit »Gente come noi« auf Platz drei. Die ›a cappella‹-Intonation »Le ragazze« der Gruppe Neri per caso wurde zum besten Titel der Kategorie ›neue Stimmen‹ gewählt. Der überschäumende Kitsch der Gruppe Elio e le storie tese, die mit »La terra dei cachi« 1996 den zweiten Platz eroberten, raubte den Festivalgewinnern Ron und Tosca, die das melodische Duett »Vorrei incontrarti tra cent'anni« zum Besten gegeben hatte, etwas von ihrem Glanz. Der dritte Platz ging erneut an Giorgia, diesmal mit »Strano il mio destino«. Die beim Publikum sofort wieder in Vergessenheit geratene Gruppe Jalisse setzte sich 1997 mit »Fiumi di parole« an die Spitze. Zweite wurde Anna Oxa mit »Storie« und Dritte Syria mit »Sei tu che mi manchi« (sie war die Entdeckung in der Kategorie ›neue Stimmen‹ 1996). Das ausschließlich weiblich besetzte Dreigestirn, das 1998 das Siegertreppchen erklomm, wäre ohne die ehemalige Sängerin der Gruppe Matia Bazar, Antonella Ruggiero, die für ihre außergewöhnliche Stimme in »Amore lontanissimo« mit dem zweiten Platz prämiert wurde, keiner Erwähnung wert. Platz eins ging an die ›Miss Italia 1997‹ Annalisa Minetti mit »Senza te o con te«, während »Sempre« der unbekannten Lisa auf den dritten Platz rückte. Anna Oxa konnte 1999 mit »Senza pietà« ihren zweiten Sieg von San Remo nach Hause tragen, Antonella Ruggiero landete mit »Non ti dimentico« erneut auf Platz zwei und eine anspruchsvolle Liedermacherin, Mariella Nava, behauptete mit »Così è la vita« den dritten Platz. In der Kategorie ›neue Stimmen‹ fiel der Sieg dem neuen Idol Alex Britti mit »Oggi sono io« zu.

Das Festival von San Remo ist, trotz aller Versuche es zu imitieren, auf der ganzen Welt einzigartig geblieben. Die ersten fünfzig Jahre dieser musikalischen Großveranstaltung, die in erster Linie eine des Fernsehens war, fanden im Jahre 2000 mit dem überraschenden Sieg des melodiösen »Sentimento« ihren Abschluss, vorgetragen von einem Ensemble hervorragender Musiker, dem Piccola Orchestra Avion Trav. Das Stück traf bei Jury und Kritik, wie selten, auf einhellige Zustimmung. Die zupackende Irene Grandi mit »La tua ragazza sempre« kam auf den zweiten Platz, während der nicht kleinzukriegende Gianni Morandi, der als Favorit galt, sich mit dem dritten Platz bescheiden musste.

Den Liebhabern der reinen Musik empfiehlt sich eine alternative Austragung, deren Schauplatz die altbewährte Bühne des Theaters Ariston in San Remo geblieben ist. Es handelt sich um den »Premio Tenco«, eine Veranstaltung, die gleichermaßen etablierten wie neu aufsteigenden *cantautori* eine Plattform bietet. Der »Tenco« zeigt eine andere Richtung italienischer Schlager: weniger kommerziell und volkstümlich, dafür aber inhaltlich anspruchsvoller und sehr interessant.

Übersetzung: Eva Baumgart

Bibliographie

Gigi Vesigna, »*1951–1989 Sanremo racconta*«, Silvio Berlusconi Editore, Mailand, 1990.

Adriano Aragozzini, »*Enciclopedia del Festival di Sanremo*«, Rusconi Editore, Mailand, 1990.

AA VV, »*Sanremo 50. La storia, le canzoni, i protagonisti: viaggio nell'Italia del Festival*«, Editrice La Stampa, Turin, 2000.

Silvio Torre

Eine Anthologie des Wohlgeschmacks

Die ligurische Küche zwischen Tradition und Erneuerung

»Die Sitten und Gebräuche der Menschen zwischen Ventimiglia und der Lunigiana haben ihren Ursprung anderswo, insbesondere im übrigen Mittelmeerraum. In Ligurien gibt es nichts wirklich Eigenständiges: Alles, was wir sind und machen, haben wir letztlich von den Phöniziern, Griechen, Arabern und all jenen Völkern gelernt, die den Mittelmeerraum besiedelten oder durchquerten«, erklärt Giovanni Rebora, der an der Universität Genua Wirtschaftsgeschichte lehrt.[1]

Nicht von ungefähr streckt sich Ligurien dem Mittelmeer gleichsam mit weit geöffneten Armen entgegen, und der Name seiner Hauptstadt Genua, in der Mitte zwischen den beiden Rivieren gelegen, leitet sich vom lateinischen *janua*, d. h. Tür her: eine breite Tür, im Grunde ein riesiges Handelstor zwischen dem Mittelmeer und der Poebene und damit letztlich Europa. Genau diese Funktion sicherte der »Serenissima Repubblica di Genova« stets ihre besondere Rolle als Stadtstaat und große Handelsmacht, und das nicht nur in »goldenen Zeiten«, sondern auch in den nicht weniger prachtvollen Zeiten des Niedergangs.

Gleichzeitig musste sich die Republik Genua um die Bevölkerung in ihren Herrschaftsgebieten und den angrenzenden Regionen kümmern.

»Auf der einen Seite gibt es die Stadt, die sich gut entwickelt, ein wichtiges Industriezentrum mit einem großen Hafen, und Bürgern und Arbeitern, die gut verdienen und sich einiges leisten können. Auf der anderen Seite gibt es die armen Gegenden mit ihrer Überbevölkerung, die nicht in der Lage sind, sich selbst zu versorgen, oder auch die reichen, sonnenbeschienenen Küsten, die aber im Grunde ebenso unwirtlich sind, wo sich die Menschen ziemlich plagen mussten, um Kanäle anzulegen und Hanf anzubauen, damit sie etwas anderes als das mühselig herangezogene und schlecht bezahlte Korn produzieren konnten«, hebt der Historiker Jacques Heers von der Pariser Universität Sorbonne hervor.[2]

Jahrhundertelang wurde an der Küste hauptsächlich das gegessen, was man selbst anbaute, und dann noch das bißchen Fisch, das man nach Hause brachte. Darüber hinaus versuchte man aber, möglichst viele der Waren, die mit einem Handelsmonopol belegt waren, über das Meer aus Genua herbeizuschaffen, wobei natürlich die entsprechenden Zölle gezahlt werden mussten: Salz, Weizen, Fleisch, konservierter Fisch, gesalzener Käse aus Sardinien, Korsika, Sizilien usw.

Es wurden also nicht nur Salz und kostbare orientalische Gewürze auf Maultierrücken über die Pässe der Alpen und des Apennin gebracht. Auf den berühmten »Salzstraßen« transportierte man auch feines Olivenöl und in Salz eingelegte Sardellen von der Riviera, Fässer mit in Salz und später auch in Öl eingelegtem Thunfisch sowie gesalzenen und ungesalzenen Stockfisch (getrockneter Dorsch aus dem Nordatlantik), der – z. T. auf Schmugglerrouten – über Genua und Marseille eingeführt wurde.

Umgekehrt brachte man aus Gegenden, in denen es größere Anbauflächen und Weiden gab, »Korn, Wein, Rindfleisch, Eier, Butter und andere Lebensmittel, die man brauchte«[3], mit.

Um die Entwicklung der ligurischen Küche zu verstehen, gilt es, sich einige Besonderheiten und bestimmte Zusammenhänge vor Augen zu halten. Nur so erklärt sich, wieso diese kulinarische Tradition über Jahrhunderte immer wieder neue Einflüsse und Anregungen aufnahm, ob diese nun übers Meer herangetragen wurden oder aus dem Landesinneren stammten. Und man muss sich immer wieder einen grundlegenden Gegensatz vor Augen halten: Auf der einen Seite die städtische Küche Genuas, wo man auf ein reichhaltiges Warenangebot mit viel frischem Fleisch zurückgreifen konnte; auf der anderen Seite die sehr viel schlichteren Essgewohnheiten der Küstenbewohner, die zumeist Gemüse anbauten. Letztere beschrieb Gilbert Chabrol de Volvic, napoleonischer Präfekt des Departements Montenotte, zu Beginn des 19. Jahrhunderts in seiner *Statistique* folgendermaßen:

»Es scheint, als habe man nirgendwo anders so sehr versucht, die Kosten für das Essen niedrig zu halten, wie im Departement Montenotte: Grundnahrungsmittel der begüterten Schichten sind *Vermicelli* oder andere Nudeln; die armen Leute essen Mais, Polenta, Kastanien, Gemüse, Hülsenfrüchte und Kartoffeln. Fleisch wird nur in winzigen Mengen gegessen; die Handwerker ersetzen es durch getrockneten Fisch, aber seitdem der freie Handel eingeschränkt wurde, bekommt man ihn kaum noch. Allerdings unterscheidet sich die Ernährung stark von einem Bezirk zum anderen und hängt vom Wohlstand des jeweiligen Viertels ab.«[4]

Wenn man heute eine Liste der wichtigsten Spezialitäten oder, wenn Sie so wollen, eine »Anthologie des Wohlgeschmacks« der traditionellen ligurischen Küche zusammenstellen wollte, käme man nicht umhin, auf das »historische Gedächtnis« der ersten beiden ligurischen Kochbücher zurückzugreifen: die *Cuciniera Genovese* [*Die Genuesische Köchin*] (it., Genua 1864) von G. B. Ratto (Pagano, Genua, 1864) und *La Vera Cuciniera Genovese* [*Die echte Genuesische Köchin*] von Emanuele Rossi, die im darauf folgenden Jahr, also 1865 in Livorno erschien.

Tatsächlich bildete sich »gegen Ende des 18. bzw. Anfang des 19. Jahrhunderts eine eigenständige gastronomische Tradition aus, die den heutigen Essgewohnheiten im Wesentlichen entsprach. Dieser »harte Kern« der ligurischen Küche entstand aus verschiedenen Gründen. Besonders prägend war der Einfluss der knapp zwanzig Jahre währenden napoleonischen Besatzung: Die starken Truppenbewegungen und die hohe Fluktuation innerhalb der zivilen Bevölkerung führten zu einem allgemeinen Kosmopolitismus, der als Gegenreaktion die Rückbesinnung auf traditionelle und volkstümliche Gebräuche provozierte. Diese beiden gegenläufigen Bewegungen beeinflussten gleichermaßen stark die elitäre Küche der Aristokratie, wie sie an den Königshöfen und in den Palästen der Adeligen gepflegt wurde. [...] Eine wichtige Rolle spielte auch der Umstand, dass aufgrund der neuen Kommunikationssysteme die letzten Auswirkungen der revolutionären Umwälzungen im Bereich der Ernährung zu Tage traten, die von den großen geographischen Entdeckungen des 15. und des 16. Jahrhunderts ausgelöst worden waren: In Ligurien erfreuten sich die Tomate und die Kartoffel zunehmender Beliebtheit, insbesondere Letztere wurde zu einer wichtigen Grundlage für Beilagen und Hauptgerichte«, so Paolo Lingua, Journalist, Schriftsteller, Feinschmecker und Weinkenner.[5]

»Eine Küche, die die Lebensbedingungen im Lande selbst widerspiegelt: Eine einfache Küche mit wenigen Zutaten, die jedoch immer darum bemüht war, durch neue Zusammenstellungen und überraschende Lösungen elegante Delikatessen hervorzubringen. Eine Küche, deren Grundlage Gemüse ist, musste zwangsläufig auf Fettgebackenes zurückgreifen und mit Hilfe von Öl und Kräutern außergewöhnliche Kombinationen wagen. Die *focacce* (Hefeteigfladen) und die berühmte *fainàa* (Fladen aus Kichererbsenmehl) sind Arme-Leute-Gerichte, die jedoch einer ihnen eigenen Eleganz nicht entbehren, wenn sie geschickt kombiniert und vor allem meisterhaft zubereitet werden. [...] Dem ›gemeinsamen Nenner‹ aller mediterranen Küchen, dem Olivenöl, haben die klugen Ligurier noch etwas hinzuzufügen gewusst, so dass sich ihre Küche von allen anderen kulinarischen Traditionen Italiens, Frankreichs und Spaniens unterscheidet. Ich glaube, ihre Originalität und Kraft liegt letztendlich nur im richtigen Maß, in der Art und Weise, in der die Zutaten benutzt, ja geradezu ausgenutzt werden«, so die scharfsichtigen Betrachtungen eines großen ligurischen Intellektuellen und Gourmets wie Carlo Bo, Senator auf Lebenszeit und seit über fünfzig Jahren Rektor der Universität von Urbino.[6]

Auch wenn nicht wenige der seinerzeit berühmten Rezepte, die die beiden genuesischen Kochbücher aus dem 19. Jahrhundert enthalten, inzwischen vollständig außer Mode und in Vergessenheit geraten sind, erfreuen sich andere weiterhin großer Beliebtheit. An erster Stelle wäre die klassische morgendliche *focaccia* mit Salz und Olivenöl, mit oder ohne Zwiebeln, zu nennen. Es folgt die »jahrtausendealte« *farinata*, ein im Holzofen gebackener Fladen aus Kichererbsenmehl, Wasser, Öl und Salz, sowie die zahlreichen Varianten der *torta verde* (grüne Torte), ein zumeist mit Mangold, Eiern, Käse und Majoran gefüllter Blätterteigkuchen. Am üppigsten fällt dabei das Rezept für die *torta pasqualina* (Ostertorte) aus, die einer früheren Tradition gemäß »aus 33 Blätterteigschichten bestehen musste, so viel wie die Lebensjahre Unseres Herrn Jesus Christus betrugen«.

Ein eigenes Kapitel stünde dem inzwischen »seligen« *cappon magro* (magerer Masthahn) zu. Dieses herrliche Fastengericht entsprach dem Wortlaut nach genau dem Gebot »äußerster Magerkeit«: Grüne Bohnen, Kohl, Sellerie, Karotten, Schwarzwurzeln usw., in Essigwasser gekocht, werden über eine Lage Schiffs- oder normalen Zwieback geschichtet, alles wird mit reichlich *Salsa verde* (Petersilie, Knoblauch, Sardellenfilets, essiggetränkte Brotkrümel, Kapern, hart gekochtes Eigelb und gutes Olivenöl) übergossen. Zuletzt wird edler Fisch und sogar Hummer darauf angerichtet und alles mit eingelegten Pilzen, Sardellenfilets, grünen und schwarzen Oliven sowie reichlich geöffneten Austern dekoriert...

Der erste Rang unter den frisch zubereiteten Nudelgerichten gebührt zweifellos den *Ravioli*, gefüllt mit Fleisch, Gemüse, Eiern, Käse und Majoran und in einer Fleisch- oder Pilzsauce serviert. Heute findet man die einstigen »Könige unter den ersten Gängen« nur noch in den Restaurants im Landesinneren, während sie von den Speisekarten an der Küste weitgehend verschwunden sind und allenfalls noch mit einer Fischfüllung angeboten werden. Stattdessen gibt es zumeist *Taglierini* (schmale Bandnudeln, die vermutlich aus Piemont stammen) und die breiteren *Tagliatelle*.

In Ligurien isst die gesamte Familie immer noch sehr gerne *Gnocchi*, kleine Klößchen aus Kartoffeln und Weizenmehl. Ebenso wie *Lasagne*, die heute als typische Delikatesse des genuesischen Umlands gelten, und *Trenette* (von arabisch »ytria«, eine der ältesten Nudelsorten aus Hartweizengrieß, auch *Linguine* genannt), werden Gnocchi besonders gern mit dem berühmten *Pesto* serviert.

Grundlage des klassischen *Pesto* ist das in der prickelnden Seeluft herangewachsene Basilikum der ligurischen Riviera, das hierfür traditionellerweise mit einem Stößel aus Olivenholz in einem marmornen Mörser zerstampft wird. Das Originalrezept basiert auf Knoblauch, zarten Basilikumblättern, Pinienkernen, gutem kaltgepresstem Olivenöl sowie Parmesankäse und Pecorino im Verhältnis 3:1. Streng genommen darf *Pesto* nur kalt zubereitet werden, d. h. es gilt schon als grober Fehler, die Paste bei der alltäglichen Zubereitung durch Verwendung eines elektrischen Pürierstabs zu »überhitzen«. (Es empfiehlt sich deshalb, beim automatischen Zerkleinern kurze Pausen einzulegen, um ein Erwärmen des Pürierstabs zu vermeiden.)

Pesto passt nicht nur gut zu den oben genannten Nudelsorten, sondern wird auch gern kurz vor dem Servieren in die *Minestrone*, die nicht weniger berühmte Gemüsesuppe, gegeben. Früher bevorzugte man die besonders dickflüssige Variante, in der, wie es heißt, der Löffel von allein stehen bleibt – und die übrigens auch kalt sehr gut schmeckt.

Auch wenn die Grundlage unserer ligurischen Küche Meeresfrüchte und Gemüse sind, die mit dem kräftigen Aroma von Kräutern wie Basilikum, Petersilie, Majoran, Salbei, Rosmarin, Thymian usw. veredelt werden, und wir mit einiger Wahrscheinlichkeit die »größten Vegetarier Italiens« sind (bei uns wurde die so genannte mediterrane Diät immer streng befolgt), verspüren wir heutzutage doch ein deutliches Unbehagen, wenn wir uns dem Thema Fleisch zuwenden.

»Infolge des ›Rinderwahnsinns‹ werden wir auf viele gute Dinge verzichten müssen. Die Tatsache, dass wir für *Cima*, gefüllte Kalbsbrust also, kein Rindermark, Hirn, Thymus und anderes mehr verwenden dürfen, zwingt uns, auf das ligurische Nationalgericht schlechthin zu verzichten«[7], stellt ein so gebildeter Gourmet wie Professor Giovanni Rebora mit wehmütiger Ironie fest.

Hoffen wir, dass diese unerträgliche Zeit der Ungewissheit bald vorüber sein möge, denn für den Moment müssen wir ja ebenso auf das traditionelle *Bollito misto* (gemischtes gekochtes Fleisch) piemontesischer Provenienz verzichten, auf *Tomaselle* (Rouladen), auf das nach Lorbeer und Weißwein duftende *Vitello all'uccelletto* (Kalbfleischragout) und, nicht zuletzt, auf eine andere klassische Spezialität: die *Trippe* (Innereien vom Kalb). Das berühmteste Rezept ist wohl die legendäre *Sbira*, die »Suppe der Schergen des *Palazzo ducale*« (Innereien in Brühe, geröstete Brotscheiben und geriebener Käse), die seinerzeit auch den zum Tode Verurteilten als Henkersmahlzeit vorgesetzt wurde. Die beliebten Innereien wurden aber ebenso als Ragout in der Pfanne mit oder ohne Kartoffeln und weißen Bohnen zubereitet und entwickelten sich zur klassenübergreifenden Leckerei, nach der sich Reich und Arm gleichermaßen die Finger leckten. Darin kam ihnen nur der Stockfisch gleich, getrockneter Dorsch aus dem Nordatlantik also, der schon um 1580 nach Genua gelangt war und als Fastengericht schlechthin galt. Und auch wenn die über Jahrhunderte immer wieder heiß ersehnte Spezialität heute nicht mehr zwangsläufig an jedem Freitag der Fastenzeit auf den Tisch kommt – der Verbrauch ist deutlich gesunken –, wird er immer noch von einer erlesenen Schar getreuer Anhänger hochgehalten: We few, we happy few …

All diese Gerichte stammen aus der bürgerlichen Küche der Stadtrepublik Genua, der Stolzen, der Herrscherin, die von ihren Untertanen in den Herrschaftsgebieten an der Riviera und anderswo häufig als »stiefmütterliche Mutter« bezeichnet wurde, die aber auf kulinarischer Ebene durchaus als Lehrmeisterin anerkannt war. Im Folgenden wollen wir uns nun den vielfältigen lokalen Spezialitäten zuwenden. Die Rezepte verdanken sich zumeist bestimmten äußerlichen Gegebenheiten, entstanden aus der »Not, die erfinderisch macht«, oder auch nur als Reaktion auf das übermäßige Vorhandensein einer bestimmten Zutat. Unser Überblick beginnt im Osten der Riviera und wir entschuldigen uns schon jetzt für die unvermeidlichen Auslassungen. Aus La Spezia stammt die *Meschiua* (Mischung), eine Gemüsesuppe mit Weizen, Dinkel, Kichererbsen und weißen Bohnen, die mit Olivenöl abgeschmeckt wird. Beim *Bagnun d'anciue* (eine große Pfanne mit Sardinen in einer Sauce mit Knoblauch, Zwiebeln, Petersilie und Tomaten, dazu geröstete Brotscheiben) handelt es sich um eine ostligurische Spezialität, die sich in Riva Trigoso besonderer Beliebtheit erfreut: Hier huldigt man ihr alljährlich mit einem eigenen Fest. Im Golf von Tigullio und seiner Umgebung isst man besonders gern *Pansotti* mit Walnusssauce (die Ravioli sind mit sieben verschiedenen Kräutern und Käse gefüllt, die Sauce besteht aus gestoßenen Walnüssen, Olivenöl, Käse und Zimt). Recco ist berühmt für seine *Trofiette*, kleine, längliche Weizenmehlklößchen, die hier mit *Pesto* und der berühmten Käse-*Focaccia* serviert werden.

Auch die Gegend östlich von Genua wartet mit zahlreichen Köstlichkeiten auf: in Voltri die *Farinata con i Bianchetti* (Kichererbsenfladen mit kleinen Sardinen), in Savona *Fette* aus Kichererbsenmehl, die in kleine *Focacce* eingebacken werden, und eine besondere Variante der *Farinata,* die *Turtellassu* genannt wird; gefüllte Zucchini, Zwiebeln, Auberginen und in letzter Zeit auch immer öfter Kürbisblüten; Schnecken aus der Gegend um Finale Ligure und dem Argentina-Tal, Kürbistorte aus dem Maremola-Tal, weiße Polenta aus Kartoffeln in einer Lauch-Sahne-Sauce und die köstlichen Pilze aus einem der Bormida-Täler, *Capretto* (Ziegenlammbraten) mit Artischocken aus der Gegend um Albenga, *Ventre* (Bauch), d. h.

gesalzene Thunfischinnereien in einer Sauce, eine berühmte Spezialität der Thunfischfänger aus Alassio, Moglio und Umgebung, die sich besonders gut auf die Zubereitung von Thunfisch in Dosen verstehen; die *Pissalandrea* aus Oneglia und die *Sardenaira* aus San Remo, beides würzige *Focacce* mit einer Sauce aus Zwiebeln, Sardellenfilets, Tomaten, ganzen zerstoßenen Knoblauchzehen, schwarzen, gesalzenen Taggiasca-Oliven, Kapern und Oregano; Kaninchen mit Oliven und Pinienkernen sowie der legendäre Ziegenbraten mit Bohnen, für die Pigna, aber auch Conio und Badalucco berühmt sind; ganz im Westen schließlich *Brandacuiun*, eine Stockfischcreme mit Kartoffeln. Auch wenn man »gefüllten Blattsalat« und Ähnliches an dieser Stelle beiseite lässt, können wir unseren Überblick über die wichtigsten Spezialitäten Liguriens nicht beschließen, ohne an die *Frittelle* oder *Frixeu* zu erinnern, kleine Pfannkuchen mit winzigen Sardinen, Stockfisch, Blumenkohl, Kürbis, Kürbisblüten, Äpfeln und früher auch Minestroneresten. Und zum krönenden Abschluss sei noch das klassische *Condiglione* erwähnt, ein Salat aus Tomaten, Knoblauch, Zwiebeln, frischem Basilikum oder Majoran, Paprika, Sardellenfilets, gesalzenen Oliven, Essig und gutem, kaltgepresstem Olivenöl …

Selbstverständlich darf man bei einem Besuch der ligurischen Küche nicht die hiesigen Weine vergessen, empfehlen sie sich doch hervorragend zu den beschriebenen Spezialitäten. In jüngster Zeit haben die ligurischen Weine bei den anerkanntesten Weinkennern und -kritikern Italiens beträchtlich an Ansehen gewonnen, so dass man mit gutem Gewissen sagen kann: »Nie hat man so gut getrunken wie heute!«

Entlang der gesamten ligurischen Küste wird – mit gewissen Abwandlungen – der Vermentino angebaut (von »Vermillhej« oder »Vermellah«, einer Rebsorte, die vermutlich ursprünglich aus dem Mittleren Osten stammt und über Spanien bereits im 14. Jahrhundert nach Korsika und schließlich nach Ligurien gelangte). Wie die vielen anderen trockenen Weißweine Liguriens (dem inzwischen allseits bekannten Pigato aus der Gegend um Albenga, dem Lumassina aus der Umgebung Finales, dem Mataosso und Buzzetto aus dem Gebiet um Savona, dem Coronata, Valpolcevera und Golfo del Tigullio aus der Provinz Genua und schließlich dem berühmten Cinque terre aus der Provinz La Spezia) schmeckt auch der Vermentino besonders gut zu all den würzigen Fisch- und Gemüsespezialitäten sowie zu den mit *Pesto* angemachten Nudelgerichten.

Ganz im Westen stoßen wir schließlich auf den besten Rotwein Liguriens, den allseits geschätzten Rossese di Dolceacqua, der ausgesprochen gut zu den regionalen Spezialitäten passt, wie etwa zu dem bereits erwähnten Ziegenbraten mit Bohnen, zu Polenta mit Wildschwein, zu Kaninchen mit Oliven oder etwa zu gefülltem Stockfischschwanz, einer Spezialität aus Isolabona. Dasselbe gilt übrigens ebenso für den in der Nähe angebauten Ormeasco, so der ligurische Name für den piemontesischen Dolcetto. Er wird bereits seit 1300 auf Initiative des Marchese von Clavesana, dem Herrscher von Pornassio, an den Hängen des Colle di Nava kultiviert, also 600 Meter über dem Meeresspiegel.

In der Gegend um Albenga treffen wir schließlich auf den Rossese aus Campochiesa und in der unmittelbaren Umgebung Savonas auf den legendären Granaccia aus Quiliano, der von der spanischen Rebsorte Alicante abstammt und hier bereits seit 1600 angebaut wird.

Auch die Weine haben also ihre eigene Geschichte, eine lange Tradition des Geschmacks, der Qualität und des Genusses, die die ligurischen Winzer gerade in letzter Zeit immer weiter verbessern.

Und der Nachtisch? Von Karamelbonbons bis zu Zuckerplätzchen, von kandierten Früchten aller Art bis zu kandierten Veilchen nach altem genuesischen Rezept, von den avantgardistischen Varianten der bereits seit 1200 betriebenen Zuckerbäckerei (von arabisch »sukar«, spanisch »azucar«, genuesisch »sucou«) bis zu den einfachen Süßigkeiten der ländlichen Küche im tiefen Landesinneren – die Liste der regionalen Leckereien wäre um vieles zu lang, um sie vollständig aufzuführen. Deshalb wollen wir uns hier auf einige wenige Beispiele beschränken, wie das weihnachtliche *Pandolce* Genueser Art (Hefekuchen mit Rosinen und Pinienkernen); *Amaretti*, Mandelmakronen aus Sassello; *Canestrelli*, Mürbeteigkringel aus Torriglia bei Genua; *Biscotti del Lagaccio, Zwieback ähnliches Gebäck aus Genua; die Chifferi Mandorlati*, ein Mandelgebäck aus der Gegend um Finale; die nach einem »geheimen Rezept« hergestellten *Baxin*, Pralinen aus Albenga; *Baci,* ebenfalls Pralinen, aus Alassio; und schließlich *Gubeletti* und all die anderen Torten aus Mürbeteig mit Marmelade, die in guten Konditoreien angeboten werden.

Nach der Ära der *Bunetti* (Puddings und Crème caramel), der piemontesischen *Panne cotte* (Sahnecrème, immer nach Art irgendeiner Großmutter), verschiedenen Bayerischen Crèmes auf verschnörkelten Sahnesoßenfäden und dem lombardischen *Tiramisu* mit Mascarpone ist in den gehobenen Restaurants hingegen die Zeit der delikaten, zweifellos auf die Dauer aber auch etwas penetranten »Soufflé-Törtchen« mit heißer Schokolade angebrochen... Wie lange das wohl anhält?

Nicht alle der traditionellen Spezialitäten, die im Verlauf unserer gastronomischen *sentimental journey* zur Sprache kamen, haben die stürmischen Entwicklungen in den letzten fünfzig Jahren überdauert: den so genannten Boom bzw. das Wirtschaftswunder in den sechziger Jahren, die verschiedenen Migrationsbewegungen aus Süditalien und der Poebene, die sich insbesondere an der Küste bemerkbar machten, den Massentourismus im Sommer und im Winter sowie nicht zuletzt die Dauerberieselung mit bestimmten Fernsehsendungen.

Viele dieser Köstlichkeiten gerieten in Vergessenheit, weil sie den Anforderungen der »schnellen Küche«, des *Fastfood*, der »Frau im Beruf« usw. nicht mehr entsprachen, oder sie wurden verändert bzw. »verfeinert«, wie es heißt, um gerade auch im Bereich der Gastronomie den Ansprüchen der Gäste, der durchreisenden Touristen zu genügen. Als Beispiel sei hier nur der zunehmende Verzicht auf Knoblauch bei der Zubereitung des *Pesto alla genovese* erwähnt (es stellt sich bereits die Frage, wann es wohl ganz von der Zutatenliste gestrichen wird!). Übrigens deutete bereits vor dreißig Jahren der unvergessene Journalist Vittorio G. Rossi darauf hin: »Wir rühmen uns der Entdeckung Amerikas, obwohl sie doch nichts ist im Vergleich zur Erfindung des *Pesto*. Amerika hätte auch jemand anderes entdecken können; aber ohne *Pesto* würde es Ligurien nicht geben. Dabei spreche ich nicht von dem *Pesto* für die empfindlichen Zungen der Mailänder – das ist ein fader Brei; ich meine unser rechtschaffenes *Pesto*, durchdringend wie ein Schuss, das den verwegenen Duft des kräftigen Knoblauchs mit dem erhabenen Aroma des heiligen Basilikums vereinigt.«[8]

Darüber hinaus sind auch die Fischsuppen von den Speisekarten der Restaurants an der Küste nahezu verschwunden, vermutlich wegen der Gräten, vor denen die – insbesondere aus Piemont und der Lombardei angereisten – Landratten eine höllische Angst zu haben scheinen. Deshalb – »der Kunde ist König« – bietet man mit wachsendem Erfolg gefällige *Carpacci* vom Schwertfisch, Lachs und Stör oder Meeresfrüchtesalate mit Riesengarnelen und Krebsen an: luxuriöse Schlemmereien, die auf den eher bescheidenen Speisekarten der ligurischen Restaurants früherer Zeiten nur selten zu finden waren.

Zu besonderem Ruhm, und das zu Recht, sind unsere *Spunciacurente* (kleine Tintenfische) gelangt, jene delikaten Jungfische, die man als das Frühobst unter den Meeresfrüchten bezeichnen könnte. Gleiches gilt für die *Bianchetti* (junge Sardinen), die sowohl gekocht als auch in Pfannkuchen gebacken serviert werden – ein Ereignis zu Beginn des Frühjahrs, das nicht nur in den Restaurants heiß ersehnt wird. Und nicht zuletzt der gekochte Tintenfisch mit Kartoffeln und kaltgepresstem Olivenöl.

Heutzutage streben die besseren Restaurants insbesondere durch kürzere Kochzeiten und, wenn möglich, durch Dampfgaren eine zunehmend leichtere Küche an und verzichten auf die Zubereitung schwerer Gerichte und Saucen, wie etwa der köstlichen Mayonnaise. Zwar sind die guten, alten *Buridde* (in der Pfanne geschmorter Fisch) sowie frittierter oder auf Holzglut gebratener Fisch noch nicht vollständig in Vergessenheit geraten. Aber angesichts des internationalen Erfolgs japanischer Spezialitäten wie Sashimi und Sushi neigt man immer stärker dazu, »rohen« Fisch zu servieren. Dabei wird dann überraschenderweise die klassische orientalische Sojasauce durch unser ausgesprochen zartes, kaltgepresstes Olivenöl aus Taggiasca-Oliven ersetzt, dessen leicht fruchtiges Aroma im Nachgeschmack gelegentlich an Mandeln erinnert. Es wird in der gesamten Umgebung Imperias und in den Tälern um Andora und Albenga in der Provinz Savona hergestellt.

Andere kostbare Öle, die man wegen ihres angenehmen Geschmacks und ihres charakteristischen Aromas schätzt, werden aus Olivensorten wie Colombara, Frantoio, Mortina und Pinola gepresst. Die letztgenannte Sorte zeichnet sich durch ihren typischen Pinienkerngeschmack aus und wird vor allem in der Umgebung Arnascos, einem Ort im Hinterland von Albenga, angebaut. Dort wachsen sie in terrassenförmig angelegten Olivenhainen, die genau nach Süden ausgerichtet sind. Inzwischen werden sie zum Teil nach den Regeln biologischer Landwirtschaft bzw. unter Verwendung natürlichen Düngers und mit Hilfe natürlicher Methoden angebaut.

Auf den Hügeln um Genua hingegen kultiviert man vor allem die hervorragende Sorte Lavagnina, die der Taggiasca aus der Gegend um Imperia und Albenga ähnelt. Um Genua und La Spezia finden sich schließlich auch die Sorten Pinola, Frantoio und Razzola, wobei Letztere ursprünglich aus der Toskana stammt.

In den besseren Restaurants gilt unser gutes, kaltgepresstes Olivenöl aus den kleineren, lokalen Betrieben heutzutage mehr denn je als unangefochtener Souverän; und dies sowohl an der Küste als auch im Landesinneren, wo sich im übrigen der »gute Ton« in den letzten Jahren erheblich verbessert hat. Dabei zögern besonders kluge oder auch nur halbwegs informierte Wirte nicht, Flaschen mit dem besten Olivenöl des Ortes gut sichtbar am Tisch zu präsentieren.

Gerade im so genannten *global village* bzw. in der Massengesellschaft von heute ist es wichtig, seine jeweiligen Besonderheiten zu verteidigen und typische Eigenarten zu bewahren. Identität, lokaler Charakter und Unterschiede zu anderen stellen ein Erbe dar, das nicht nur von nostalgischem Wert ist.

»Schützen wir diese Werte jedoch auf vernünftige Weise«, ermahnt der angesehene Ernährungswissenschaftler Massimo Montanari von der Universität Bologna, »wir müssen uns davor hüten, in einen kulinarischen Rassismus zu verfallen. So sollten wir die Wertschätzung lokaler Traditionen immer als Teil eines Austauschs begreifen, an dem wir neugierig und aufgeschlossen teilhaben, und nicht als Argument zur Ab- bzw. Ausgrenzung einsetzen. Denn das hieße, die Geschichte zu verleugnen und Tradition als mythisches und unveränderliches Phänomen zu begreifen. Tatsächlich ist die Tradition jedoch das Ergebnis geschichtlicher Entwicklung und als solche im ständigen Wandel begriffen. Unsere Aufgabe ist es, diesen Veränderungsprozess bewusst und intelligent zu steuern.«[9]

Und dies gilt insbesondere für uns Ligurer, die wir stets im Austausch mit anderen Menschen standen und dadurch immer neue Erfahrungen und Kenntnisse gewonnen haben. Heute müssen wir den neuen Anforderungen, dem neuen Geschmack gegenüber offen sein. Das eigentliche Ziel besteht darin, diesen fortwährenden Entwicklungsprozess zu lenken, ohne unsere Wurzeln zu kappen, ohne den unvergleichlichen Wohlgeschmack einiger traditioneller Gerichte zu vergessen. »Der Geschmack von gestern im Gewand von heute« lautet der Leitsatz der besten Chefköche.

Natürlich handelt es sich dabei um keine leichte Aufgabe, man denke nur an die massive Präsenz der »schnellen Küche«, des Fastfood oder auch bestimmter Fernsehsendungen. Und dennoch gilt es, mit allen Kräften die Qualität, die Originalität und die Eigenart lokaler Produkte gegenüber der Angleichung, Verflachung und der so genannten Globalisierung zu verteidigen, indem man eine intelligente, innovative Küche entwickelt, deren Grundlage die Tradition ist: eine Küche also, die nicht vergisst...

Übersetzung: Maren Wöll

Anmerkungen

1 Giovanni Rebora, Interview in: *Le Pietre e il Mare*, eine dreimal jährlich erscheinende Zeitschrift der Provinz Genua, 1995, S. 4.

2 Jacques Heers, *Genova nel Quattrocento*, Jaka Book, Mailand 1983, S. 201.

3 Goffredo Casalis, *Dizionario geografico storico statistico commerciale delli stati di S. M. il Re di Sardegna*, Stadt Oneglia, Turin, 1833–1854, S. 134.

4 Gilbert Chabrol de Volvic, zitiert nach der italienischen Ausgabe des zweibändigen Werkes mit dem Originaltitel *Statistique des Provinces de Savone, Oneille, Acqui e de part de la Province de Mondovi formant l'ancien Departement de Montenotte par le Comte de Chabrol de Volvic Conseiller d'État de la Seine*, Paris 1824, hrsg. v. Giovanni Asserto, Savona 1994, S. 396.

5 Paolo Lingua, *La Cucina di Genovesi*, Muzio Editore, Padua 1989, S. 127.

6 Carlo Bo, in: Touring Club Italiano, *Scrittori di »attraverso l'Italia 1930–1974«*, Mailand 1984, S. 58.

7 Giovanni Rebora, »C'è davvero bisogno di inquinare le trenette?«, in der Tageszeitung *Secolo XIX* vom 19. Januar 2001, S. 1.

8 Vittorio G. Rossi, in: Giuseppe Gavotti, *Cucina e vini di Liguria*, Sabatelli Editore, Savona 1974, S. 4.

9 Massimo Montanari, Beitrag zum XV. Internationalen Kongress über die Tischkultur (Montecatini, 26. April 1998), in: *Quaderno* dell'Accademia Italiana della Cucina Nr. 29, Mailand 1998, S. 74.

Silvia Andreetto

»Alassio 100 libri – Un autore per l'Europa«

Ein Gespräch mit dem Präsidenten des Literaturpreises von Alassio, Giovanni Bogliolo

Zibaldone: In Italien gibt es mehr als zweitausend, zugegebenermaßen mehr oder minder bedeutende Literaturpreise. Präsident Bogliolo, wie sehen das Profil und die Rolle des Literaturpreises »Alassio 100 libri – Un autore per l'Europa« in dieser bunten Landschaft literarischer Auszeichnungen in Italien aus?

Bogliolo: Profil und Rolle des Preises bedingen einander, die Rolle bestimmte den Charakter. Einen neuen Literaturpreis in einem Land ins Leben zu rufen, in dem die Zahl der Preise in einem umgekehrt proportionalen Verhältnis zu der Zahl der Bücher steht, die eine Auszeichnung verdienen würden, wäre ein sinnloses Unterfangen gewesen, wenn sich dieser Preis nicht durch eine völlig neuartige Gestalt auszeichnen würde. Und die Neuartigkeit dieses Preises, die ihn von Anfang an zu einem der am meisten beachteten und begehrtesten machte, klingt im zweiten Teil des Titels an: »Un autore per l'Europa«, d. h. gewürdigt wird derjenige italienische Schriftsteller eines Jahres, dessen Buch eine Expertenjury aus verschiedenen europäischen Ländern am meisten überzeugte; er erhält damit, und zwar nicht aus Gründen der nationalen Eigenwerbung, sondern durch ausländische Anerkennung, eine Art Passierschein in die Gefilde der zeitgenössischen europäischen Literatur.

Zibaldone: Wie entstand die Idee, gerade in Alassio einen Literaturpreis zu etablieren?

Bogliolo: Das war die logische Konsequenz der jahrzehntelangen Arbeit der Stadtbibliothek Alassio, die mit Lesungen und Buchpräsentationen eine erfolgreiche Werbekampagne für das Lesen durchgeführt hat. Der erste Teil des Titels – »Alassio 100 libri« – knüpft an diese Tradition an. Die grundlegende Formel des Preises, die im Laufe der Jahre immer wieder verfeinert wurde, geht zurück auf die Idee des Journalisten Marco Neirotti; der Preis verdankt jedoch nahezu alles – Entstehung und Entwicklung – dem unermüdlichen Engagement und der ansteckenden Begeisterung von Roberto Baldassarre und Romano Strizioli.

Zibaldone: Nach welchen Kriterien werden die am Wettbewerb beteiligten Bücher ausgewählt und bewertet?

Bogliolo: Es gibt zwei Jurys: eine so genannte »technische« Jury und eine Jury, die von acht ausländischen Italianisten und Italianistinnen besetzt ist. Aus der Fülle der Veröffentlichungen des jeweils vorangegangenen Jahres wählt die technische Jury in mehreren Durchgängen letztlich fünf Titel aus; zusammen mit einem Buch, das von den Besuchern des Standes der Bibliothek Alassio bei der alljährlichen Turiner Buchmesse zum Favoriten gewählt wurde, bilden sie dann den Kreis der sechs Finalisten, über die die europäischen Jurymitglieder ihr Votum abgeben. Zu einem festgesetzten Datum erhält ein Notar per Fax die Voten der ausländischen Juroren und des Präsidenten des Preises und bestimmt aufgrund der addierten Wertungspunkte den Gewinner des Preises.

Zibaldone: Wo liegen ihrer Ansicht nach die Vorteile, aber auch die Grenzen dieses Auswahlverfahrens?

Bogliolo: Der Hauptvorteil leitet sich meines Erachtens grundsätzlich aus den beiden unterschiedlichen Bewertungsinstanzen ab, die noch dazu ganz unterschiedlich besetzt sind. Ein weiterer und nicht geringer zu schätzender Vorteil liegt in der vollständigen Autonomie der Bewertung in der zweiten Instanz – eine Bewertung, die nicht durch kollegiale Absprachen konditioniert wird: In völliger Abgeschiedenheit von den anderen Juroren fällt jedes Jurymitglied sein persönliches Urteil und gibt sein Votum mit einer Begründung schriftlich ab. Eine Diskussion erfolgt erst, wenn das Ergebnis bereits feststeht, d. h. wenn die Jury der europäischen Ita-

la Biblioteca sul mare
Assessorato alla Cultura
CITTA' DI ALASSIO
ALASSIO DUEMILA
sale lettura
sala musica
sala internet
A L A S S I O
la Biblioteca sul mare
auditorium
caffetteria
Un luogo fisico e insieme metaforico, dal quale partire per viaggi sempre nuovi e ricchi di fascino, ma anche un porto al quale tornare, per ritrovare se stessi e le proprie radici.
A L A S S I O
la Biblioteca sul mare
Biblioteca Civica
"Renzo Deaglio"
Piazza Airaldi Durante, 7
Alassio
Tel. 0182 64 80 78 - Fax 0182 64 80 76

lianisten einen Tag vor der Preisverleihung zusammentritt, um eine gemeinsame Laudatio auf den Preisträger zu verfassen. Anstelle von Grenzen, die Außenstehende vielleicht besser erkennen als ich, möchte ich einige Selbstbeschränkungen erwähnen, die sich die Verantwortlichen des Preises auferlegt haben: Die technische Jury hat beschlossen, aus dem Kreis der Finalisten jene Autoren auszuschließen, die in den drei vorangegangenen Jahren bereits einmal in der Endausscheidung waren, sowie jene Schriftsteller, die als Förderer oder Protagonisten kultureller Ereignisse eine enge Beziehung zur Bibliothek oder zur Stadt Alassio pflegen. Darüber hinaus achtet die technische Jury darauf, den ausländischen Juroren ein möglichst breit gefächertes Panorama literarischer Tendenzen des vorangegangenen Jahres zur Auswahl anzubieten; und nicht immer lässt sich dieses selbst gesteckte Kriterium mit dem Ziel vereinbaren, den absoluten Besten zu prämieren.

Zibaldone: Was sind die Charakteristika der beiden Jurys und wie hat sich ihre Zusammensetzung in den letzten Jahren verändert?

Bogliolo: Die technische Jury besteht aus den Gründern und den treibenden Kräften des Preises, angeführt von der Kulturassessorin der Stadt Alassio. Ihr gehören ferner Persönlichkeiten der universitären Kultur (Alberto Beniscelli), Vertreter der Literaturkritik (Lorenzo Mondo), des Journalismus (Giulio Anselmi) und des Theaters (Antonio Ricci) an, die auf die eine oder andere Art mit Alassio verbunden sind. Die Jury der Italianisten hingegen setzt sich aus acht Experten für italienische Literatur zusammen, die in ihren Heimatländern Lehrstühle für Italianistik an renommierten Universitäten innehaben oder bedeutende Kulturzeitschriften leiten. Bisher sind in dieser Jury immer die wichtigsten Sprachen Europas vertreten gewesen; mit Hilfe eines Rotationsmechanismus, der ab 2001 eingeführt werden soll, werden dann auch alle Nationalitäten einmal vertreten gewesen sein.

Zibaldone: Wer sind die bisherigen Preisträger von »Un autore per l'Europa«?

Bogliolo: In chronologischer Abfolge sind das seit Bestehen des Preises 1995: Gabriele Romagnoli, Rosetta Loy, das Autoren-Duo Francesco Guccini und Loriano Macchiavelli, Francesco Biamonti, Maurizio Maggiani und Ernesto Ferrero.

Zibaldone; Wie schätzen Sie vor dem Hintergrund der europäischen Orientierung des Preises den Stellenwert der italienischen Literatur in der europäischen Literaturlandschaft ein?

Bogliolo: Wie fast alle, die sich mit Literatur beschäftigen, tendierte auch ich früher eher dazu, die zeitgenössische italienische Literatur als »dekadent« zu bezeichnen, und unterlag damit zugegebenermaßen dem Einfluß des Buchmarktes, der in Italien vorzugsweise ausländische Autoren prämiert. Fünf Jahre der Präsidentschaft dieses Preises haben dazu beigetragen, mich zumindest teilweise von dieser Tendenz zu befreien, einerseits weil ich Bücher von bemerkenswerter Qualität zu lesen bekam, andererseits vor allem weil mich das außerordentliche Interesse, die Genauigkeit und die Leidenschaft beeindruckte, mit der die ausländischen Kollegen der Jury die italienische Literaturproduktion verfolgen, und das Ansehen, das sie ihr auch im direkten Vergleich mit ihren jeweiligen Nationalliteraturen zuschreiben.

Zibaldone: Wie beurteilen Sie das Arbeitsumfeld in Alassio und wie ist ihr Verhältnis zu den öffentlichen Einrichtungen, die den Literaturpreis organisieren?

Bogliolo: »Bestens« ist noch zu wenig gesagt. Meiner Kenntnis nach gibt es keine andere Stadt in Italien von vergleichbarer Größe und mit vergleichbaren Möglichkeiten, die so viel – und mit ebenso viel Überzeugung – in die Kulturvermittlung und in die Buchpromotion investiert wie Alassio. Und vielleicht gibt es nicht einmal in ganz Europa eine Stadt mit einer so großen, wenn nicht gar ausschließlichen touristischen Orientierung, die ihr Image dem Buch verschreibt. Dies wird bestätigt durch die Stadtverwaltung und vor allem von Monica Zioni, der engagierten Kulturassessorin von Alassio.

Zibaldone: Wie würden Sie die Zukunftsperspektiven des »Premio Alassio« sehen?

Bogliolo: Das Ziel lautet, weiterhin auf die Ernsthaftigkeit und den Enthusiasmus der zahlreichen wertvollen Mitstreiter zählen zu können, um dem Preis noch größere allgemeine Beachtung zu verschaffen und im Umkehrschluß auch die Stadt, die ihn verleiht, für ihr Engagement zu belohnen. Alle Preise benötigen eine gewisse Eingewöhnungszeit, in der das Prestige, das von den Preisträgern auf sie zurückstrahlt, größer ist als das Prestige, das sie selbst den Preisträgern zunächst vermitteln können. In unserem Fall ist diese Eingewöhnungsphase außergewöhnlich kurz gewesen, und es könnte die Gefahr bestehen, dass man sich mit dem Erreichten zufrieden gibt. Wir versuchen, nicht in diese Falle zu tappen, und bemühen uns, jedes Jahr etwas Neues zu erfinden. So wollen wir die Gelegenheit, für einige Tage eine Gruppe renommierter Wissenschaftler in Alassio zu haben, nicht ungenutzt verstreichen lassen und werden daher 2001 in dem nahe gelegenen Ort Peagna, einer Art Wallfahrtsort der ligurischen Kultur, eine Veranstaltungsreihe unter dem Motto »Scrittori liguri – Lettori europei« ins Leben rufen. An einem »runden Tisch« diskutieren dann die europäischen Italianisten über ein Buch eines ligurischen Schriftstellers, den die italienische Rezeption vernachlässigt oder zu schnell vergessen hat. Der Zyklus beginnt mit dem Titel *Il Peccato* von Giovanni Boine.

Zibaldone: Wenn Sie einen Zauberstab hätten, was würden Sie tun, um den Preis noch zu verbessern?

Bogliolo: Ich würde noch schönere Bücher auf die Tische der Jurymitglieder zaubern.

Zibaldone: Würden Sie uns abschließend noch einen kurzen Steckbrief von sich entwerfen? Findet ein Kulturschaffender wie Sie mit zahlreichen beruflichen Verpflichtungen noch freie Zeit für Dinge, die vielleicht gar nichts mit Büchern zu tun haben?

Bogliolo: Ganz kurz: Auch ich bin, durch meine Herkunft, sehr eng mit diesem Fleckchen Liguriens verbunden und komme immer sehr gerne hierher zurück, auch wenn ich den größten Teil meines Lebens in Urbino verbracht habe. Mit achtzehn Jahren ging ich zum Studium an die Universität Urbino, wo ich derzeit Prorektor bin. Seit jeher waren meine Freizeitaktivitäten eng mit meiner Arbeit verbunden; die Organisations- und Verwaltungsaufgaben haben durch das Amt als Prorektor allerdings sehr überhand genommen, so dass Freizeit natürlich ein spärliches Gut wird, die ich allerdings meist wieder mit Lesen verbringe. Ansonsten höre ich gerne Musik, besuche Ausstellungen und gehe manchmal in der Hoffnung, eine kleine Entdeckung zu machen, auch auf Trödelmärkte.

Das Gespräch wurde im Februar 2001 geführt.

Übersetzung: Sabine Zangenfeind

Massimo Quaini

Wenn ein Reisender an einem Wintertag …[1]

Italo Calvino und Ligurien

Wenn ein Reisender an einem Wintertag sich entschließen würde, zu Fuß den Weg nach San Giovanni hinaufzugehen, was würde er heute noch vom San Remo Mario und Italo Calvinos wiederfinden?

Wie alle Reisen findet auch diese nicht nur im geographischen Raum, sondern auch und vor allem in der Zeit statt. Daher benötigt man einen kleinen Reiseführer, wie ihn Laura Guglielmi mit ihrem topographischen und literarischen Sachverstand, die örtlichen Gegebenheiten wie auch die Person Calvinos betreffend, für uns zusammengestellt hat.

Auch in diesem Fall ist es wichtig, dass sich der Reisende, außer mit einem Reiseführer und einer Wanderkarte, mit weiterem »Proviant« versorgt, der aus Geschichte und vor allem aus Literatur zusammengestellt ist, »allem wieder Bedeutung« gibt und auch für uns die Möglichkeit schafft, dass »alle Dinge aus dieser schon damals verlorenen Welt (…) auf einmal wahr und greifbar und besitzbar und vollkommen« werden, wie Calvino über die Welt seines Vaters, die Welt des Wegs nach San Giovanni, schreibt.[2]

Was heißt es, sich in der konkreten Umgebung von San Remo zu orientieren? Calvino erklärt es uns in seiner philosophischen Erzählung *Aus dem Verschatteten*: »Es ist klar, dass ich, um die Form der Welt zu beschreiben, als Erstes festhalten muss, in welcher Position ich mich befinde, ich meine nicht den Ort, sondern wie ich orientiert bin (…) denn die Welt, von der ich spreche, hat diese Besonderheit gegenüber anderen möglichen Welten, dass man in ihr immer weiß, wo Osten und Westen ist, zu allen Tages- und Nachtzeiten (...) daher beginnt für mich jede Orientierung (...) mit jener ersten Orientierung, die immer impliziert, dass ich links den Osten und rechts den Westen habe, und nur von hier kann ich mich in Beziehung zum Raum setzen und seine Eigenschaften verifizieren und die seiner Dimensionen.«

Es ist offensichtlich, dass diese erste Orientierung, die sich in unauslöschlicher Weise in Calvinos Kompass einprägt, diejenige ist, die der Schriftsteller dadurch ausgeprägt hat, dass er an einem ganz bestimmten Ort innerhalb des Amphitheaters aufgewachsen ist, das die Hügel um die moderne Ortschaft San Remo bilden: die Villa Meridiana, wo er die entscheidenden Jahre seiner Kindheit verbringt.

Entscheidend deshalb, weil Calvino sein gesamtes Leben lang die Sonnenuhr, die dort in die Mauer gemeißelt ist, in sich trägt – eine jener tragbaren Sonnenuhren mit Kompass, die man in Museen bewundern kann, und von denen die Menschen der Renaissance sich nie trennten.

Es ist also nicht nur ein merkwürdiger Zufall, dass der italienische Begriff »meridiana«, der zunächst »Mittagslinie« bedeutet, auf einen geodätischen Vorgang verweist, der darauf abzielt, die Lage eines Meridians auf dem Boden, und somit also eine senkrechte Ausrichtung und Orientierung, nachzuziehen. Durch die Ausdehnung und durch den unauslöschlichen Zusammenhang von Raum und Zeit entsteht so gleichzeitig eine Sonnenuhr, die zweite Bedeutung des Begriffs, von der die in den Erzählungen Calvinos mehrmals beschriebene Villa ihren Namen hat.

Was aber sind die Eigenschaften des Raumes, der sich vom Observatorium der Villa Meridiana aus erstreckt? Welche Form hat die Welt, die der junge Calvino sich auf der Grundlage der Dimensionen und Linien, die sich in ihm treffen, konstruiert? Die erste Form, die seiner Wahrnehmung entgegentritt, ist die geographische: Die Form der Bucht, »die ich vor mir habe, begrenzt vom Vorgebirge im Osten und dem im Westen (...) den Rücken zu einem hohen Pros-

Der Fluss San Francesco mit dem Eselspfad nach San Giovanni zu Beginn des 20. Jahrhunderts aus: Laura Guglielmi (Hrsg.), *Dal Fondo Dell'opaco Io Scrivo / From the Depths of the Opaque I write. Calvino. Da San Remo a New York / Calvino from San Remo to New York,* Bordighera und Genua: Istituto Internazionale di Studi Liguri, De Ferrari Editore 1999, S. 111

pekt gewandt und den Blick zur Rampe des leuchtenden Horizonts«, die sich in der Weite des Meeres ausdehnt.

Aber vor allem ist es die »Geröllawine der Zeit und des Raums«, das Spiel, das von der Morphologie der Landschaft, von Licht und Dunkel, von Sonne und Schatten erdacht wurde, und das die komplexeste Form der Welt und ihrer Kehrseite zeichnet, indem es sich mit der Wahrnehmung von Tag und Nacht, von warm und kalt verbindet.

Das Besonnte, das Land, das der Mittagssonne zugewandt ist, fällt also zusammen mit »dem Kampf ums Dasein und dann sofort mit dem größtmöglichen Profit, indem man die Hänge für das geometrische Reich der Nelken planiert, die ihre quadratischen Legionen in dichten Reihen zur Sonne vorrücken lassen, oder indem man die Mauern der Wohnblöcke hoch zieht, kariert mit Fenstern, die einander den Platz und die Aussicht streitig machen«. Es steht für die Welt der Bauspekulation, der Gesetze des Marktes, die ein »Land, das einst seins [Calvinos] war und einfach so unter dem Zement verschwunden ist«, dominieren.

Die Gegenwelt des Verschatteten oder die dunkle Kehrseite der Welt hingegen ist diejenige, die sich »auf dem Grund der Wildbäche zwischen dem Schilfrohr mit seinem Rascheln wie von Papier oder in den V-förmig eingeschnittenen Tälern, oder hinter den Gipfeln, die über den Hügeln hervorragen, und weiter hinten in den gestaffelten Ausläufern des Gebirges parallel zur Küste« versteckt: Nur hier verspürt man »dieses Gefühl einer mysteriösen Grenze zur weiten und fremden Welt« des Besonnten, die Faszination für ein Anderswo, indem die Fremdheit es möglich macht, sich anderwärtig platziert und orientiert zu fühlen.

Das Verschattete ist geographisch vor allem die Welt der Wälder, die der geordneten Welt der Terrassen, der Gemüsebeete, der wohl gepflegten Gärten und der dichten Olivenhaine in guter Lage nachfolgt, und die nicht weniger die Bühne für die Leidenschaft des Vaters bildete:

Die Gegend von San Giovanni 1930 aus: Laura Guglielmi (Hrsg.), *Dal Fondo Dell'opaco Io Scrivo / From the Depths of the Opaque I write. Calvino. Da San Remo a New York / Calvino from San Remo to New York*, Bordighera und Genua: Istituto Internazionale di Studi Liguri, De Ferrari Editore 1999, S. 121

»(...) die extremste Form seiner einzigen Leidenschaft: zu erkennen, zu kultivieren, zu jagen, sich auf jede Weise über die Wildnis herzumachen, einzudringen in jene nicht anthropomorphe Welt, vor der (und nur dort) der Mensch erst Mensch war – zu jagen, auf der Lauer zu liegen, in der Kälte der Nacht vor Anbruch des Tages, auf den kahlen Höhen von Colla Bella oder Colla Ardente, in der Erwartung der Drossel, des Hasen (...) oder in den Wald einzudringen, ihn Schritt für Schritt zu durchsuchen, der Hund immer mit der Nase am Boden (...) oder auch – wenn er die Flinte mitnahm (...) das Gebirge Tal für Tal zu durchwandern, tage- und nächtelang, zum Schlafen in jene primitiven, aus Steinen und Zweigen errichteten Bauten kriechend, die zum Dörren von Kastanien dienen, allein unterwegs mit dem Hund und der Flinte, bis hinüber nach Piemont, bis nach Frankreich, ohne je den Wald zu verlassen, auf selbst gebahnten Wegen, auf jenen geheimen Wegen, die nur er kannte und die durch alle Wälder gingen, die alle Wälder zu einem einzigen Wald vereinten, alle Wälder der Welt in einem Wald jenseits aller Wälder, alle Orte der Welt zu einem Ort jenseits aller Orte.«

Dieselbe Welt wurde später vom väterlichen Revier zum Gelände des jungen Partisanen Italo, und auch er spürte, wie sehr »vor dieser Welt (und nur dort) der Mensch erst Mensch war«.

Der Partisanenkrieg lässt ihn nicht nur wiederentdecken, wie nützlich die Kenntnis des Geländes und das Gespür für die Gegend sind, sondern wird auch zur Gelegenheit, die Dörfer und die Menschen in den ligurischen Bergen kennen zu lernen: Die verschattete Gegenwelt des »Liguriens aus Haut und Knochen«, die der schillernden Riviera mit ihren Hotels und Palmen entgegengesetzt ist und in den Seiten des *Politecnico* Vittorinis beschrieben wird.

Das Verschattete wird also in vollkommener Weise zum Symbol der väterlichen Welt, der Welt der »*Vorfahren*«, der verlorenen und vom »Kampf um das Dasein« aus der Geschichte ausgegrenzten Welt, die nur die Literatur wieder hervorbringen kann: »›*D'int'ubagu*‹, vom Grund des Opaken, im tiefsten Schatten schreibe ich«,

Italo Calvino mit seiner Mutter aus: Patrizio Barbaro / Fabio Pierangeli, *Italo Calvino. Biografia Per Immagini,* Turin: Paravia 1995, S. 30

schlussfolgert Calvino und ist sich bewusst, dass die Landkarte des Besonnten, die er sich einst schuf, nichts anderes ist als »eine Vorrichtung, die der Welt zur Verfügung steht, damit sie weiß, ob es sie gibt«, ein Apparat des Gedächtnisses.

Diese Vorrichtung ist zumeist die Karte eines Kartographen, der sich, um San Remo abzubilden, auf einen idealen Aussichtspunkt hoch über dem Meer stellt, wie eine Sonne, die cartesianisch die Landschaft beleuchtet, die Schatten verschwinden lässt und auch das Opake ans Tageslicht bringt, es aber dadurch seiner Andersartigkeit beraubt.

Um sich dessen bewusst zu werden, muss man nur die schillernden Landkarten des Genueser Kartographen Matteo Vinzoni betrachten.

Aber das Verschattete rächt sich im Laufe der Geschichte, es begehrt gegen den Kartographen auf, der es in die dunklen Gassen der Pigna und in die Biegen eines nicht angemessen dargestellten Reliefs verbannt hat.

Das Sinnbild dieser Rebellion gegen die cartesianische Staatsraison – Kartographie ist immer staatlich, der Kartograph ist immer der »königliche Kartograph« – ist der *Baron auf den Bäumen*, der mit der Lebendigkeit einer historischen Person Calvinos Labyrinth des Schreibens entsprang, dem Wald der Zeichen, die aus seiner Feder fließen, um die Welt, wie sie vor der Bauspekulation war, wieder entstehen zu lassen, in der die Bäume so dicht waren, dass »wo immer wir hingingen, immer Äste und Blätter zwischen uns und dem Himmel waren«.

Der *Baron auf den Bäumen* ist die andere Geschichte, die Geschichte, die hätte sein können und doch nicht war. Genauso ist das Schreiben, die Landkarte, die Calvino um »unsere Vorfahren« zeichnet, die andere Kartographie, diejenige, die es auch uns, wie ihm, erlaubt, uns im »Labyrinth der Mauern und des beschriebenen Papiers«, das uns in immer stärkerem Maße umgibt, zu orientieren und es ermöglicht, dass »alles in dieser schon verloren geglaubten

Italo Calvino aus: Patrizio Barbaro / Fabio Pierangeli, *Italo Calvino. Biografia Per Immagini,* Turin: Paravia 1995, S. 131

Welt« eine Bedeutung erlangt und auf einmal »wahr und greifbar und besitzbar und vollkommen« wird.

Vollkommen, also vollendet, in seiner Zeitlichkeit und Räumlichkeit abgeschlossen, wie es auch diese Ausstellung über den Weg nach San Giovanni zu sein versucht.

Übersetzung: Albert Drews

Anmerkungen

1 Der Text erschien erstmals in dem Ausstellungskatalog hg. von Laura Guglielmi: *Dal fondo dell'opaco io scrivo. From the depths of the opaque I write. Calvino da Sanremo a New York. Calvino from Sanremo to New York*. Istituto Internazionale di Studi Liguri – De Ferrari Editore, Genua 1999.

2 Die Zitate entstammen den Erzählungen »Dall'opaco« und »La strada di San Giovanni« [»Aus dem Verschatteten« und »Der Weg nach San Giovanni«] (it. Mailand 1991; dt. München 1990).

Hans Hinterhäuser

»Mittags fahl und in sich gekehrt«

Eugenio Montale und Ligurien

Montales Biographie fällt in drei ungefähr gleich lange Perioden und auf drei Lebensstädte: Genua, Florenz und Mailand. In Genua verbrachte er seine ersten dreißig Jahre: Kindheit, Werde- und Reifeprozess; nach Florenz kam er als Dichter der schon von vielen bewunderten *Ossi di seppia*[1] [*Knochen des Tintenfischs*] (it. Turin 1925) und arbeitete zuerst im Verlag Bemporad, danach als Bibliothekar des Gabinetto Vieusseux, bis er dort, 1938, wegen fehlender faschistischer Qualifikation entlassen wurde; und schließlich als Übersetzer, vor allem aus dem Englischen, und als freier Schriftsteller. In Mailand wurde er ab 1965 fester Mitarbeiter des *Corriere della Sera*, später Musikkritiker am *Corriere d'Informazione* und in der ersten Zeit »inviato speciale« (Sonderkorrespondent) in verschiedenen Gegenden der Welt.

Sein frühester Lebensabschnitt ist also ligurisch – mit allem, was dazugehört: Sprache (Dialekt inner- und außerhalb des Hauses), Bildungsquellen, Freunde, Förderer und Charakterzüge.[2] Seine Eltern beschäftigten sich mit der Produktion von und dem Handel mit Chemikalien, offenbar erfolgreich und in gewissem Wohlstand. Da war es selbstverständlich, dass der Junge auf ein Istituto tecnico (Handelsschule) geschickt wurde, dass er mit dem Diplom eines »Ragioniere« (Buchhalter) abschloss, dessen er niemals Erwähnung tat.

Er hatte frühzeitig und hartnäckig anderes im Sinn und entwickelte sich aus dem Widerspruch: dem zum Ambiente des Elternhauses und dem zur Geburtsstadt, die zum Zeitpunkt seiner Kindheit als prächtig, aber ungeistig beschrieben wird. Dennoch gab es auch in der ligurischen Metropole einiges an kultureller Bewegung, die fast ausschließlich aus Frankreich herüberkam. Es gab einen Ableger des literarischen Symbolismus, der von einem Alessandro Giribaldi, auch mit Hilfe einer Zeitschrift, propagiert wurde und die lebhafte Aufmerksamkeit des jungen Eugenio erregte. Er hatte auf seiner Handelsschule Französisch gelernt und für seinen literarischen Bedarf ausgebaut und war sich über die italienische Dankesschuld gegenüber Frankreich durchaus im Klaren, so dass er auf ein entsprechendes Eingeständnis Papinis hin freimütig in seinen jugendlichen Aufzeichnungen notieren konnte: »Io poi le devo tuttissimo« (Ich verdanke ihm mehr als alles).

Klarheit über die Richtung seiner Berufung stellte sich nicht sofort ein. Längere Zeit glaubte er diese in der Musik zu sehen, nahm Gesangsunterricht zur Ausbildung seiner Baritonstimme, und in seinem Tagebuch bricht er aus Anlass der Freundschaft mit einem jungen Pianisten in den Klageruf aus: »Perché non ho studiato musica anch'io!« (Warum habe nicht auch ich Musik studiert). Solche Anwandlungen blieben nicht ohne Auswirkungen auf seine ästhetischen Meditationen: Schon frühzeitig erwog er den Gedanken einer wesenhaften Interdependenz der Künste und der Faktoren Wort-Klang-Farbe.

Genua mag damals seinem schlechten Ruf einer ungeistigen Stadt und seine Bewohner dem Vorwurf der Profitgier pauschal entsprochen haben. Aber naturgemäß gab es Ausnahmen: junge Menschen, deren Lebensinhalt Literatur und Dichtung war, die sich isoliert und unverstanden fühlten, von einer authentischen Kunst träumten und sich gegenseitig ihre Versuche und Inspirationsquellen zusteckten; die vor allem parlierten und diskutierten. Der ideale Ort ihrer Begegnungen war die zentrale Galleria Mazzini mit einer Buchhandlung und zwei, natürlich antithetischen Cafés, Roma und Diana, deren Publikum sich an der Einstellung zu Gabriele D'Annunzio schied; es gab zwei Theater, zwei öffentliche Bibliotheken und manches andere.

Eugenio war einer jener schwermütigen Einzelgänger. Er wird allgemein als unzugänglich, zur ironischen Distanz neigend und als überaus anspruchsvoll sich selbst gegenüber beschrieben. Dennoch hatte er eine Reihe von Freunden, deren Identität längst zu bloßen Namen verblasst ist und von denen wir nur die Dichter Adriano Grande und Camillo Sbarbaro erwähnen wollen, vor allem aber, aus etwas späterer Zeit, den Lebensfreund und unermüdlich bemühten Ratgeber Sergio Solmi. Sie alle hatten zweifellos Anteil an Montales Entfaltung, am meisten aber seine Lieblingsschwester Marianna. Zwei Jahre älter als Eugenio, hatte sie es geschafft, nach bestandenem Lehrerinnenexamen an der Universität Philosophie und Literatur studieren zu dürfen, baute sich eine Bibliothek auf, an der selbstverständlich auch der Bruder teilhaben durfte, über den sie an zwei Freundinnen bewundernde und bisweilen besorgte Briefe schrieb und den sie liebevoll bemutterte. Marianna erkannte das Ungewöhnliche an dem »ragazzo col ciuffo« (Jungen mit dem Schopf), das unerschlossene Genie (Wortspiele mit Eugenio und Genio) und war oft ein wenig bekümmert über das Ausmaß seines rebellischen Individualismus und seine strikte Weigerung, Kompromisse zu schließen und sich anzupassen (Leitmaxime: »Io vivo in quanto mi distinguo dagli altri« [Ich lebe in dem Maße, wie ich mich von den anderen unterscheide]). Sie interessierte sich auch für den damals gerade in Genua verbreiteten religiösen Modernismus und hat sicher mit dem Bruder, vielleicht mit Spätfolgen, darüber gesprochen. Andererseits registriert sie das Ausscheren des 15- bis 16-Jährigen aus dem observanten Katholizismus, was ihr gutes Einvernehmen nicht im Geringsten beeinträchtigte.

Unsere ligurischen Musensöhne trafen sich also in der Galleria Mazzini oder im Theater und bereiteten sich auf ihre künftige Rolle im regionalen oder nationalen Kulturleben vor. Mittlerweile konnte sich Genua auch, inmitten der kommenden und gehenden Revuen, einer wirklich bedeutenden und lebenskräftigen Zeitschrift rühmen: der *Riviera ligure*. Von Mario Novaro 1895 gegründet und bis 1919 geleitet, hatte diese als Werbeblatt für die Firma Olio Sasso begonnen (aber schon mit einem *Inno all'olio* [Hymne an das Öl] von Giovanni Pascoli in einer der ersten Nummern) und war bald, ihren Kinderschuhen entwachsen, zu einem Literaturorgan geworden, dem die führenden italienischen Autoren der Zeit ihre Schriften anvertrauten: Pirandello, Capuana, Grazia Deledda, Papini und andere. Montale war zu jung, um schon als Mitarbeiter in Frage zu kommen, aber manche seiner bewunderten Älteren waren regelmäßig vertreten: der früh verstorbene Kritiker und Romancier Giovanni Boine (Montale bedauerte lebhaft, ihn nicht persönlich kennen gelernt zu haben), und vor allem, mit Proben poetischer Prosa, Mario Bonzi, mit dem er regelmäßigen Kontakt hatte und der ihn mit dem französischen Symbolismus, besonders mit Huysmans und mit Villiers de l'Isle-Adam näher bekannt machte.

Das alles ist heute gut dokumentiert und (einschließlich der Briefe und der Bibliothek Mariannas) im Fondo Montale einzusehen.[3] Ein exzeptionelles Lebenszeugnis wurde durch einen quellenfreundlichen Zufall im Ferienhaus der Familie in Monterosso (von dem noch die Rede sein wird) aufgefunden und 1981 veröffentlicht: das *Quaderno genovese*[4] [Genueser Heft]. Es war dies ein einfaches Schulheft, in dem der junge Eugenio zwischen Juni 1915 und August 1917 sich Rechenschaft ablegte über die Ergebnisse seiner Selbstprüfungen und über die Fortschritte seines autodidaktischen Bildungsweges. Der Letztere zeugt von einem wahrhaft unersättlichen Leserausch. Wir finden die Echos von einigen Hundert Büchern (der junge Leser unterscheidet zwischen genauer Lektüre und dem, was er »sbirciare«, etwa »hineinspitzen« nennt, worunter man ein ahnendes Sich-Bemächtigen des Inhalts zu verstehen hat, in dem er offenbar ein früher Meister gewesen ist). Wir finden da Aperçus zum Wesen der »authentischen Kunst« und insbesondere der Lyrik: Langsam schält sich das Ideal einer »lirica suggeritiva, interpretativa e essenzialista« [suggestiven, interpretativen und essentialistischen Lyrik] heraus. Aber die Liste umfasst keineswegs nur Lyrik, son-

Calvino mit Eugenio Montale 1971 aus: Luca Baranelli / Ernesto Ferrero (Hrsg.), *Album Calvino,* Milano: Mondadori 1995, S. 250

dern in großem Ausmaß Erzählliteratur – französische und ins Französische übersetzte russische Literatur der realistischen Spezies sowie theatralische Texte, vor allem Ibsen, der zu Beginn des 20. Jahrhunderts dank eines viel beachteten Buchs von Slataper in Italien zum Modeautor geworden war. Die Selbständigkeit, mit der der junge Montale sich in die literarische Kultur hineinarbeitet, ist beeindruckend. Er vertraut, wie wir inzwischen vermuten, nur auf sich selbst und seinen Instinkt und will nur diesem folgen. Bei der Romanlektüre z. B. weist er Balzac energisch zurück und bevorzugt Stendhal, und hier vor der *Chartreuse* [*Die Kartause von Parma*] (fr. Paris 1967; dt. München 1988) bei weitem *Le rouge et le noir* [*Rot und Schwarz. Chronik aus dem Jahre 1830*] (fr. Paris 1990; dt. München 2000). Manchmal verschlingt er vier Werke abwechselnd-gleichzeitig: von Stendhal, Loti, Ibsen und Edouard Rod. Unter den Lyrikern haben es ihm erwartungsgemäß Verlaine (dessen *Sagesse* [*Weisheit*] [fr. Fribourg 1982] zu seinem »livre de chevet« wird) und Rimbaud (»il colosso!«) angetan, aber er lernt aus Anthologien auch den belgischen Symbolisten van Lerberghe kennen und schätzen, später Poe, und er bekommt eine Ahnung von der für die moderne Dichtung grundlegenden Linie Poe-Whitman-Baudelaire. Manchmal geschieht es, dass sich sein jugendliches Temperament in Respektlosigkeiten entlädt, so nach der Entdeckung Leconte de Lisles (vorher hatte er ihn vom Hörensagen her abgelehnt), den er mit Victor Hugo vergleicht, sehr zum Nachteil für diesen Letzteren, denn neben dem »Parnassien« sei dieser nur »un ciabattino analfabeta«!

In einer ganzen Reihe von Stellen des *Quaderno genovese* (aus dem übrigens jede Anspielung auf Zeitgeschichtliches ausgespart bleibt) regt der künftige Poet die Flügel, versucht sich (meist noch in Prosa) an Bildern, ja an Lautmalereien, bevor er wieder zur Tagesordnung übergeht. Zu dieser gehört, neben den literarischen Erkundungen, vorrangig die Selbstanalyse, das »frugare in se stessi«, bei dem ihm das Tagebuch von Amiel als Anleitung dient. Wir treffen da auf viele typische Zeugnisse des labilen Lebensalters – stolze, melodramatische Aufschwünge: »Chi trascina i piedi nel fango e ha gli occhi nelle stelle: quello è il solo *vivente*« (Wer sich auf den Füßen durch den Schlamm schleppt und die Augen zu den Sternen erhebt: nur der ist der einzig Lebende) – neben Verzagtheiten, Angst vor dem Scheitern und Klagen über die Öde des Lebens: »La vita idiota« (Das idiotische Leben), »più idiota del solito« (idiotischer als sonst); »domani Pasqua, vita solita, noia, sbadigli e imbecillità« (morgen Ostern, das übliche Leben, Langeweile, Gähnen und Einfalt). Und immer wieder die unruhige Erwartung der »scintilla«, des überspringenden Funkens, der den Einsatz rechtfertigen und die innere Stimme zum Erklingen bringen wird. Dann ein Paukenschlag: Aus dem ehemals österreichischen Triest kommt der etwas jüngere Roberto (Bobi) Bazlen im Auftrag seiner Firma für den Winter 1923/24 in die ligurische Stadt: »una finestra aperta su un mondo nuovo!« (ein offenes Fenster zu einer neuen Welt). Die beiden schließen spontan Freundschaft und werden sich täglich sehen; der Hergereiste gibt Eugenio die Romane von Italo Svevo zu lesen und erzählt ihm von der österreichischen Literatur, von Musil, Kafka, Altenberg. Danach wieder Stille und der sehnsüchtige Blick nach Florenz, die (passive) Umschau nach einem »impiego« (Arbeitsstelle): bei einer Bank, im Journalismus? Die Versuchung, den Traum von einem Leben in und mit der Literatur überhaupt aufzugeben, irgendwie die Flucht zu ergreifen.

Aber gehört das alles noch zum Thema Genua, ist es ligurisch? Ja und nein! Es ist ligurisch unter den am Beginn des Artikels festgehaltenen Voraussetzungen. Andererseits gehören die Miss- und Verstimmungen des jungen Eugenio ins Psychogramm der europäischen, nicht zuletzt der deutschen Jugend der 20er Jahre, wofür sich genügend literarische Zeugnisse anführen ließen. Montales Malaise ist, so gesehen, eine ligurische Variante eines damals verbreiteten Generationsbewusstseins: »am Tor zum Leben« zu stehen, mit abwechselnder Angst und Zuversicht angesichts der geahnten, kommenden Herausforderungen, die in der Tat schwer und dramatisch genug sein werden.

Indessen ist all das nur die städtische Perspektive des Werdegangs des Dichters. Dazu tritt das Pendant des Erlebnisses der ligurischen Natur und Landschaft während der Sommerzeit. Die Familie besaß ein Ferienhaus in Monterosso in den Cinque Terre, das zu Eugenios Knabenzeit nicht über Straßen, sondern nur mit dem Zug oder vom Meer her erreicht werden konnte, also in der »romantischsten« Weise weltabgeschlossen war. Die Fahrt mit dem Zug aus Genua war jedes Mal ein aufregendes Erlebnis, der alljährliche Aufenthalt in vielfacher Hinsicht noch mehr und immer aufs Neue. Eugenio entdeckte teils in Gesellschaft gleichaltriger anderer Ferienkinder und einheimischer Buben und Mädchen, teils allein, spielend und beobachtend das Meer und die Zone des Strandes mit der windzerzausten Vegetation und weiter drinnen den Zitronengärten, die ihn zu einem seiner ersten Gedichte inspirierten. Er sah und sammelte die Hülsen der Tintenfische, die die Brandung beharrlich ans Ufer warf, und er erfuhr die Mittagsstunden mit ihrer lähmenden Stille und ihrem flimmernden Licht. Es war die Landschaft, die er in seinem ersten Zyklus nicht abbilden, sondern anverwandeln und in seinen negativen Daseinsbefund eingliedern wird; ein Daseinsbefund, der unter anderen, eben ligurischen Voraussetzungen, dem von Leopardi entsprechen wird, dem großen Meister, den der junge Montale sich zu nennen scheute, von dessen Magma er aber ebenso gelebt hat wie fast alle namhaften italienischen Dichter des 20. Jahrhunderts.

Montale wird bis zu seinem 30. Jahr an der Gewohnheit festhalten, allsommerlich ins ligurische Ambiente in Monterosso einzutauchen. Ab 1950 datiert man dessen Niedergang durch Straßenbau, Bauspekulation und Tourismus, aber da hatte sich der Dichter, auch in seinen Themen, längst von ihm distanziert. (Immer wieder kann man bei ihm die Scheu beobachten, zum »Heimatdichter« zu werden oder als solcher zu gelten.) Herangewachsen, schrieb er von den Cinque Terre aus unzählige Briefe, und ein stattlicher Teil von ihnen galt seiner langsam sich zusammenfügenden Gedichtsammlung. »Il libro si scrisse da sé« (Das Buch schrieb sich von selbst), konnte er später sagen. Schon der früheste Text, mit dem er sich identifizierte, *Meriggiare pallido e assorto (Mittags fahl und in sich gekehrt)*, auf 1916 datiert, ist mit seinem klein malenden mittäglichen Naturbild und mit den schrillen Lauteffekten seiner letzten Strophe ein echter »Osso«, dem 1920 die stärker gedanklich geprägten *Riviere* und im darauf folgenden Jahr das schon erwähnte *I limoni (Zitronen)* folgten. Von diesem Jahr ab scheint die Produktion sich zu verdichten und auf das konkrete Ziel eines Gedichtbändchens zuzulaufen. Montale hatte die Gewohnheit, seinen Freunden, nicht ohne ein ironisches Understatement, Abschriften seiner Gedichte, die er mit einer Widmung versah, zu schenken (und auf ein Echo zu warten). In den beginnenden zwanziger Jahren nahmen mehrere Zeitschriften seine Texte zum Druck an, Eugenios Selbstvertrauen festigte sich, und mit ihm wuchs die Zahl der Hervorbringungen. Und eines Tages war es so weit. Ein älterer Bekannter, der Stückeschreiber Cesare Vico Lodovici, hatte seinem Turiner Verleger von dem jungen Poeten und seinen Versen so erzählt, dass dieser sich dafür interessierte und mit Montale in Verbindung trat. Der Verleger war Piero Gobetti, Herausgeber der Zeitschriften *La rivoluzione liberale* und *Il Baretti* und sonst eher an politischen und historischen Themen interessiert als an Lyrik, jedenfalls (das wollen wir nicht vergessen) eine zuverlässige antifaschistische Adresse. Am 8. August 1924 konnte Montale aus Monterosso an seinen Dichterfreund Angelo Barile schreiben: »Gobetti ha molto lodato la mia *opera omnia* e pare invogliatissimo a farsi il mio editore« (Gobetti hat meine *opera omnia* sehr gelobt und scheint große Lust zu haben, mein Verleger zu werden). Die geschäftlichen Verhandlungen zogen sich dann noch eine Weile hin. Als Titel des Bandes hatte der Autor ursprünglich *Rottami* (Bruchstücke) im Auge, was von der Montale-Kritik mit den artverwandten *Frantumi* (it. Mailand 1983) und

Trucioli (it. Mailand 1963) (Prosafragmenten von Boine und Sbarbaro) verglichen und als »ligurische« Geschmacks- und Stileigentümlichkeit gedeutet wird.[5] Am Ende wurden daraus die selbständigen, erstmals in *Riviere* zitierten und erläuterten *Ossi di seppia*. Das Büchlein erschien in der ursprünglich kürzeren Fassung im Juni 1925; es war als Ganzes dem Dichterfreund Adriano Grande gewidmet und im Einzelnen vielen Einverständigen aus der Jugendzeit, wurde zuerst von Sergio Solmi rezensiert – und machte seinen Weg.[6]

Von diesem Werdegang zu erzählen ist für den heutigen Liebhaber ein erregendes Ding. Für ihn ist das Bändchen ein quasi magisches Objekt. Er ist versessen auf den unverwechselbaren Montale-Ton, der aus jeder Zeile zu ihm spricht. Er liebt die negative Lebensphilosophie und das Warten aufs Wunder wie etwas Eigenes; er lässt sich verzaubern durch die funkelnden Landschaftsbilder, die mediterranen Sinneseindrücke, das unendliche, selbstidentifizierende Zwiegespräch mit dem Meer; die eigenwillige Versgestaltung, die dissonantische Sprachmusik und, das Ganze überwölbend, die poetologische und letztlich ethische Bescheidenheit. Dies alles kann man, ohne »sforzatura« (Zwang), direkt oder indirekt dem ligurischen Humus zuordnen, und es ist jedenfalls große, überregionale Poesie.

Anmerkungen

1 Eine größere Auswahl von Gedichten Montales aus den Jahren 1920 bis 1954 liegt in der deutschen Übersetzung von Hanno Helbling vor: *Gedichte*, München: Hanser 1987.

2 Giuseppe Marcenaro, selbst gebürtiger Genueser, bürdet in seiner neuesten Publikation (*Montale*, Mailand 1999) seinem Landsmann viele, für meinen Geschmack allzu viele »typisch genuesische« Verhaltensweisen auf.

3 Im Archiv von Maria Corti an der Universität Pavia.

4 Hrsg. von Laura Barile (umfangreicher Kommentar), Mailand 1981.

5 Von der Sprache der *Ossi* stellt der Herausgeber von *Tutte le poesie*, Giorgio Zampa, in seiner »Introduzione« fest, sie sei »marezzato di termini liguri« (voller ligurischer Ausdrücke) (*I meridiani*, Mailand 1984, S. XXV). Warum führt er nicht ein einziges Beispiel an?

6 Eine erschöpfende Montale-Bibliographie findet man in dem zitierten Buch von G. Marcenaro (bis 1999).

Franco Sepe

Genua und Berlin in der Lyrik Edoardo Sanguinetis

Seit alter Zeit gibt es zahllose Beispiele von Dichtern, die ihr Heimatland, oder den Ort, in dem sie das Licht der Welt erblickten, besungen haben. Man denke hier nur an das Rom von Catullus, von Gioacchino Belli und Trilussa, an das Florenz Dantes, an Recanati bei Giacomo Leopardi, an Triest bei Umberto Saba, an Mailand bei Carlo Porta und vielen anderen.

Die Region Ligurien, der man im Werk Eugenio Montales ziemlich häufig begegnet, ebenso wie Genua in Teilen des Werks Giorgio Capronis, um nur zwei berühmte Beispiele zu nennen, kommen in der Dichtung Edoardo Sanguinetis fast gar nicht vor. Und es stellt sich die Frage, woran liegt das?

Eine erste Antwort besteht darin, dass der Schriftsteller die mehr als legitime Freiheit besitzt, seine Stadt, aber auch ebenso gut irgendeine Stadt, die er kennt und liebt, in sein literarisches Schaffen aufzunehmen. Die zweite Antwort, ergänzend zur ersten, hat etwas mit der Poetik des Autors zu tun: Im Falle Edoardo Sanguinetis könnte man zu Recht behaupten, dass der herausragende Vertreter der italienischen Neo-Avantgarde der sechziger Jahre einen weitläufigeren Horizont als jenen benötigte, den ihm die ligurische Hauptstadt bot.

Obwohl er dem zivilen Leben seiner Stadt und seines Landes alles andere als unbeteiligt gegenüberstand – man denke hier nur an das politische Engagement Sanguinetis in seiner Eigenschaft als Stadtverordneter und sogar als Parlamentsabgeordneter, oder auch an die akademischen Ämter, die er an der Universität Genua bekleidete, wo er noch heute, trotz seiner siebzig Jahre, seine Lehrtätigkeit fortsetzt –, beschränkt sich der Dichter darauf, in wenigen kurzen Versen gerade mal eine Straße oder ein Gebäude des Stadtzentrums zu nennen (das Haus am Corso Matteotti im Alptraum des Gedichts Nummer 45 der *Reisebilder*; die Treppen der Universitätsbibliothek in der Via Balbi, Schauplatz einer kräftigen Rutschpartie, die einer jungen Studentin widerfährt, im Gedicht Nummer dreizehn der Sammlung *Stracciafoglio*, den Ort Nervi, in der Nachbarschaft Genuas, aufgrund eines Besuchs der städtischen Schwimmhalle, in den *Postkarten* Nummer 63, oder als Ziel eines kleinen Weihnachtsspaziergangs, in *Scartabello* Nummer 1). Alles in allem wenige verstreute topographische Hinweise, ohne den Anflug einer Landschaftsbeschreibung und in einem Rahmen, der von ganz anderen Bildern bevölkert wird: Bildern, die der Selbstparodie entspringen, dem Grotesken, oder dem ideologischen Ärgernis, das im poetischen Werk Sanguinetis allgegenwärtig ist.

45.

il corpo morto, di un viola così cattivo, che io mi porto dietro con tanto sforzo,
dentro un tappezzato corridoio cieco: (dentro la lunga casa di corso Matteotti,
mi pare, ancora):
        fasciato con stracci e con asciugamani bagnati
(complici, in qualche modo, i miei cognati, per questa deposizione assai
                                                                                                    apocrifa,
che interessa vasche di rame e di stagno): (e interessa agenti segreti;
magari, e simile marmaglia che mi sorveglia):
                                                                        e si è staccato
un mezzo piede, per terra, impacchettato e putrefatto, strada facendo,
in sogno: che è un grosso pezzo di grasso sapone grezzo, poi): (e non so più
dove nasconderlo, e come, se non mi aiuti anche tu): io te lo racconto adesso
che l'ho capito, appena, subito: (e puoi capirmi): questo è il mio corpo:

45.

der tote Körper, so furchtbar violett, den ich mit großer Mühe mit mir
herumschleppe,
in einem austapezierten lichtlosen Hausflur: (mir scheint noch in der
lang gestreckten Wohnung im Corso Matteotti):
eingeschlagen in Lappen und feuchte Handtücher
(meine Schwager waren irgendwie Komplizen für diese apokryphe
Grablegung,
die Kupfer- und Zinnbecken betrifft): (und womöglich betrifft sie
Geheimagenten oder änliches Gesindel, das mich bewacht):
(ein halber Fuß
ist abgefallen, verpackt und verwest, beim Gehen,
im Traum: eigentlich ein großes Stück fettiger Kernseife): (und ich weiß nicht
mehr,
wo und wie ich ihn verstecken soll, wenn du mir nicht dabei hilfst): ich erzähle
es dir jetzt,
wo ich es gerade verstanden habe, sofort: (und du kannst mich verstehen): das
ist mein Körper:

aus: *Reisebilder*, September 1971

13.

Io sono qui che mi interrogo ancora sopra il significato che si può assegnare
alla ragazza bella lunga, bianca di bianca cera, che ci è rotolata al rallentatore,
giù
per la scalinata della Biblioteca Universitaria, un mattino, in via Balbi,
frantumandosi
molle, gradino dopo gradino, colorandosi di ecchimosi, paralizzandosi e
paralizzandoci
nel sangue, ai nostri piedi esterrefatti, muta:
certo, voleva (e vuole) dire
qualcosa, a noi due, che non afferro più: (e che la Croce Verde ci ha cancellato, e
basta):

13.

ich bin hier und frage mich noch immer nach der Bedeutung des langbeinigen
Mädchens, das
uns, bleich wie Kreide, in Zeitlupe entgegengerollt ist, die Treppe
der Universitätsbibliothek herunter, eines Morgens in der Via Balbi, langsam
zerbrechend, Stufe für Stufe, sich mit Blutergüssen bedeckend, uns, denen das
Blut in den
Adern gerinnt, erstarrt, zu den staunenden Füßen, stumm:
sie wollte (und will) bestimmt
etwas sagen, was ich nicht mehr begreife: (und was das Grüne Kreuz
unwiderruflich ausgelöscht hat):

aus: *Stracciafoglio*, März 1989

63.

ma che eterni ritorni, però! te li ritrovi lì tra i piedi da ogni parte,
i nipotini negativi di Nietzsche, i superometti sempre in Krisis:
e dietro
all'Alsosprach Redimortuus, ti arriva tutta la solita Danse Macabre che si sa:
e sarà un grauser Zufall: (e poi, è ferragosto):
(ma io me la scappo, allora;
alla piscina comunale di Nervi, lì alla Torre Gropallo, a leggermi El Dyalogo
de Salomon e Marcolpho, che dice, pagina 30, che »tutte le vene pervengono
ad un medemo culo«):
sto a pochissimi metri sopra il livello del mare, io: a nessuno:

63.

Ach, diese ewigen Wiederkehren! Du stolperst an jeder Ecke über sie,
über Nietzsches Enkel, die Nihilisten, die Unterübermenschlein immer in der
Krise:
und hinter
dem Alsosprach Redimortuus kommt dir nur die übliche Danse Macabre
entgegen:
und es wird ein *grauser Zufall* sein: (und außerdem ist heute Ferragosto):

(und dann flüchte
ich mich ins Stadtbad von Nervi, zum Torre Gropallo, und lese El Dyalogo
de Salomon e Marcolpho, wo auf Seite 30 steht, dass »alle Adern
in einem und demselben Arsch enden«):
ich befinde mich nur wenige Meter über dem
Meeresspiegel: niemandem:

aus: *Postkarten*, Oktober 1976

1.

Me lo schiaccia qui in faccia, il mio sole di capodanno, il vento, sopra questa
mesta passeggiata di Nervi: (come una torta, in un singhiozzante Mack
Sennett):
e
ho detto, lì a un mio figlio, che conseguo le mie abitudini animali, ogni volta,
così cieco di luce:
(un mistico dell'estasi corporea, al giorno d'oggi,
è certamente sospetto): (ma mi tengo il mio mezzo secolo, sopra la mia gobba,
e alquanti dispiaceri, in famiglia): (e, sarà il colmo, un Edipo tiranno, da
tradurre):

1.

Meine Neujahrssonne klatscht mir der Wind hier ins Gesicht auf diesem
traurigen Spaziergang in Nervi: (wie eine Torte in einem zuckenden Mack
Sennett-Film):
und
dort habe ich einem meiner Söhne gesagt, dass ich, lichtscheu wie ich bin,
immer wieder
meine animalische Neigung auslebe:
(ein Mystiker der leiblichen Ekstase ist heutzutage
nicht unverdächtig): (und ich trage auf meinem Buckel mein halbes
Jahrhundert
und eine Menge Kümmernisse in der Familie): (und, als sei es nicht genug, auch
einen
Ödipus Tyrann zu übersetzen):

aus: *Scartabello*, Januar 1980

Hinterlässt Paris in verschiedenen Gedichtsammlungen verstreute Spuren, so stellt sich dies für Rotterdam, und vor allem für Berlin, aufgrund der Reise, die Sanguineti Anfang der siebziger Jahre dorthin führt und die mit einem mehrmonatigen Aufenthalt verbunden ist, ganz anders dar.[1] Von diesen kurzen Aufenthalten im Ausland, vor allem dem in Berlin, zeugen die *Reisebilder* und zu einem guten Teil auch die Sammlung *Postkarten*. Es handelt sich um eine konkrete Konfrontation, nicht nur linguistischer und kultureller Art, die tiefe emotionale Reaktionen auslöst. An erster Stelle steht die physische Dimension der urbanen Landschaft, aus der die dissonanten Bilder des großstädtischen Lebens hervorgehen, Bilder, die diese Baudelaire'sche Faszination des Bösen zu wecken vermögen, dem sich Sanguineti offenbar genüsslich hingibt und ausliefert. Er schreibt manchmal auch zwei oder drei Gedichte am selben Tag, so stark ist der Drang zu erzählen und zu beschreiben (»prima di tutto, ti segnalo questo elementare scrivere–descrivere / zunächst mache ich dich auf dieses elementare schreiben–beschreiben aufmerksam«)[2]. Und der Tagesablauf besteht, wie die Gedichte illustrieren, in den beiden Teilen Berlins aus Museumsbesuchen, Besichtigungen der Baudenkmäler, aus Café- und Restaurantbesuchen, aus literarischen Begegnungen und, natürlich, aus den Momenten familiärer Intimität. Die neuen Eindrücke, die Tag für Tag in der dichterischen Verarbeitung gefiltert werden, dringen heftig in den Rhythmus des familiären Lebens ein und bringen dessen Widersprüche zum Ausbruch. Die Erlebnisse des Berlinaufenthalts gehen vollständig in seine Gedichte ein, ohne von der prosaischen Banalität des Alltäglichen geläutert zu werden, im Gegenteil, diese wird sogar aufs Höchste gepriesen. Die Sprache passt sich mehr und mehr dem beschriebenen Gegenstand an, ahmt seine Logik nach. Dies ist jedoch ein charakteristischer Zug Sanguinetis, der sowohl in seinen Gedichten als auch in seiner Prosa mit den Wirkungen der Umgangssprache bereits ausreichend experimentiert hat.

Der Dichter – wie es seiner Art entspricht – flüchtet sich nicht ins

Erhabene und ebenso wenig beschränkt er sich darauf, es zu besiegen, indem er ihm die Trostlosigkeit einer anti-heroischen Existenz entgegensetzt. Er geht noch weiter, in seinen »Bruchstücke einer großen Konfession« lässt er die im kulturellen Erbe Mitteleuropas versteinerten bürgerlichen und revolutionären Instanzen aufeinander prallen. Und es ist ausgerechnet Berlin, diese Stadt, die vor allem in jenen Jahren ungelöster Spannungen gar keine ist (»Berlin ist gar keine Stadt: lo diceva anche Heine / Berlin ist gar keine Stadt: das sagte auch Heine«)[3], die diesen Ausbruch ideologischen Unbehagens entfesselt, das sich keiner Tarnung bedient, sondern durch den Akt der Konfession vollkommen darbietet.

11.

i Lebensmittel ridotti a scatolame, la birra nei barattoli di latta,
l'oculato impiego del vestiario, le prime telefonate di soccorso
che arrivano inquiete dal sud –
tutto testimonia di noi come di
naufraghi, in questo dolce naufragio: (e si spiegano così i nervi tesi,
gli sgradevoli gridi: perché nuotiamo da morti, assai contratti,
sollevando sporche schiume, tra le correnti dei grandi magazzini e il golfo
della Lupe, in Olivaer Platz): tra i rottami di un furore che fu amore:

ma devi dirmi grazie, allora, se ti trascino, con bracciate disperate,
a pranzo al Paris Bar, a cena allo Yang Tse Kiang (dove le anitre sono numeri,
come il mango):
se ti regalo un po' di versi così, per i tuoi trentott'anni:

11.

die lebensmittel auf konservenbüchsen reduziert, das bier in blechdosen,
die überlegte auswahl der kleidung, die ersten hilfreichen anrufe,
die beunruhigt aus dem süden ankommen –

das alles spricht dafür, dass wir wie
schiffbrüchige sind, in diesem süßen schiffbruch: (und so erklären sich die
angespannten nerven,
das unangenehme geschrei: weil wir den toten mann machen beim
schwimmen, völlig verkrampft,
schmutzigen schaum aufwerfend, zwischen den strömungen der großen
kaufhäuser und dem golf der
Lupe auf dem Olivaer Platz): inmitten der trümmer einer raserei, die liebe war:

aber du musst mir dankeschön sagen, jetzt, wenn ich dich mit verzweifelten
schwimmstößen
zum mittagessen in die Paris Bar schleppe, zum abendessen ins Yang Tse Kiang
(wo enten zahlen sind,
so wie die mangofrüchte):
wenn ich dir so ein paar verse schenke, für deine achtunddreißig jahre:

aus: *Reisebilder*, Juni 1971

34.

Al funzionario doganale in minigonna, che mi ha prescelto, con i suoi occhi di
sibilla
e di colomba, dentro una fila interminabile di viaggiatori in transito, ho detto
tutta la verità, confinato in un separé-confessionale di legno
compensato:
ho detto che ho un figlio che studia il russo e il tedesco:
che *Bonjour les amis*, corso di lingua francese in 4 volumi, era
per mia moglie:
ero pronto a concedere di più: sapevo che fu Rosa Luxemburg
a lanciare la parola d'ordine »socialismo o barbarie« : e potevo
ricavarne un madrigale strepitoso:
ma sudavo, frugandomi le tasche,
cercando invano il conto dell'Operncafé: e poi, hai fatto irruzione
tu, trascinandoti dietro anche i bambini, meravigliosi e meravigliati:
(ti scacciavamo con gli stessi gesti duri, io e quella mia beatrice
democratica in divisa):

ma l'irreparabile era già consumato, lì
alla frontiera tra le due Berlino; per me: quarantenne sedotto da un poliziotto:

29.

der beamtin im minirock, die mich mit ihren sibyllen- und taubenaugen
aus einer unendlichen reihe von transitreisenden erwählt hat, habe ich
in einem beichtstuhl-séparé aus sperrholz, die volle wahrheit
gesagt:
ich habe gesagt, dass ich einen sohn habe, der russisch und deutsch lernt:
dass *Bonjour les amis*, französischer sprachkurs in vier bänden, für meine
frau ist:
ich war bereit, noch mehr zuzugeben: ich wusste, dass Rosa Luxemburg es war,
die die losung ausgegeben hatte »sozialismus oder barbarei«: und ich konnte
mich
eines großartigen madrigals darüber entsinnen:
ich schwitzte aber, als ich in den taschen kramte
und vergeblich die rechnung aus dem Operncafé suchte: und dann bist du
hereingebrochen,
hast hinter dir auch die kinder hergeschleppt, die wunderbar und verwundert
waren:
(wir verjagten dich mit den gleichen unwilligen gesten, ich und diese meine
demokratische
muse in uniform):
das nichtwiedergutzumachende aber, war schon vollzogen für mich,
hier an der grenze zwischen dem einen und dem anderen Berlin: vierzigjährig,
erobert von einer polizistin:

aus: *Reisebilder*, August 1971[4]

Übersetzung: Gertraude Grassi

Anmerkungen

1 Siehe auch: Franco Sepe, Interview mit Edoardo Sanguineti, in: *Zibaldone*, Oktober 1986, S. 81–95.
2 Reisebilder, Nummer 23, S. 125, in: *Catamerone* 1951–1971, Feltrinelli, Mailand 1974.
3 Reisebilder, Nummer 38, S. 40.
4 Reisebilder Nummer 45, Stracciafoglio Nummer 13 (Feltrinelli, Mailand 1980, S. 244), Postkarten Nummer 63 (Feltrinelli, Mailand 1978) und Scartabello Nummer 1 (Cristoforo Colombo Libraio, Macerata 1980, S. 283), erstmalig in deutscher Übertragung von Franco Sepe und Britta Frerichs. Reisebilder Nummer 11 und 29 (im Original 34) sind dem gleichnamigen Band (Literarisches Colloquium Berlin, Berlin 1972) in der Übersetzung von Gerald Bisinger entnommen. Die Nummerierung in der deutschen und der italienischen Ausgabe stimmt nicht immer überein, da Bisinger direkt aus dem noch unveröffentlichten Manuskript übersetzt hat.

Romano Strizioli

Ligurien auf der Suche nach sich selbst

Tourismus in Zeiten des Postindustrialismus

Ligurien steckt voller Gegensätze. Seine Landschaft ist herb und sanft zugleich; in Winternächten dringt die milde Wärme des Meeres bis zu den ligurischen Alpen vor, wo der Rauhreif zarte weiße Geometrien in die Landschaft webt. Nach langer Zeit ist der Wolf wieder zum Passo di Mezzaluna zurückgekehrt und streift hungrig umher, während an der Küste Orangen an den Bäumen hängen.

Ligurien – ein sichelförmiger Regenbogen, der sich zwischen Ventimiglia und La Spezia spannt und seinen Zenit in Genua hat; Ligurien gleicht aber auch einem Scharnier, das die extremen Ausläufer des Mittelmeeres mit dem europäischen Norden verbindet. Es gibt eine Luftaufnahme, die mit der einzigartigen Kraft der Bilder die ganze Faszination dieser Region aus Meer und Stein zum Ausdruck bringt. Rechts, Richtung Süden, liegt der von gelben und roten Farbtönen beherrschte Gebirgskamm mit sanften Wiesen, wo seit jeher die schönsten Primeln blühen; auf der anderen Seite, Richtung Norden, hingegen sieht man den eis- und schneebedeckten Boden. Das Leben an diesen Orten war noch nie leicht und die Mühsal formte den Charakter der Menschen, verlieh ihnen eine stark ethisch geprägte Einstellung zur menschlichen Existenz. In diesem Sinne bezeichnet Ligurien einen »ethischen Charakter« – eine Landschaft, die von ihren Bewohnern noch nicht so recht wahrgenommen oder erzählt wurde, sondern ihnen als Werkzeug und Schleifstein diente, der ihren schroffen und aufrichtigen Charakter formte.

Doch mit einem Sprung in die Gegenwart und bei der Betrach-

Ansicht von Genua aus: Ligurische Küste. Von La Spezia bis Ventimiglia, mit Fotografien von Martin Thomas und Texten von Esther Knorr-Anders. München, Luzern: C. J. Bucher 1985, S.8/9

UNIFLO

tung der jüngeren Geschichte Liguriens – sagen wir die letzten zwei Jahrhunderte –, kommt man nicht umhin, sich einzugestehen, dass das Schicksal Liguriens doch reichlich seltsam gewesen ist: ein Landstrich, der an der Küste verlockende Reize hat und der sich, genau in der Mitte zwischen Nordpol und Äquator gelegen (wir befinden uns auf etwa 44 Grad nördlicher Breite), in vollkommener Harmonie und außergewöhnlicher Perfektion präsentiert. Aber dann kamen der Mensch und seine Entwicklung im Kontext der Industriegesellschaft.

In der schmalen Landzunge zwischen Strand und Hügeln – der französische Historiker Braudel bezeichnet sie als die »mediterranste aller Regionen«, wo unsere Gesellschaften ihren Ursprung haben, und bezieht sich dabei ausdrücklich auf die westliche Riviera, die Riviera di Ponente – eröffnet man Straßen, verlegt Schienen, durchbohrt Berge, baut und schafft Platz für die Schwerindustrie. Wir haben das Leuchten der Stahlwerke von Genua-Cornegliano noch vor Augen, als unzählige Männer mit Helmen sich winzig und schattengleich wie in einer dantesken Szenerie durch das fahle winterliche Morgengrauen auf die Tore zubewegten. Die industrielle Erschließung der Region bedeutete die totale Negation der sanften Landschaft, der Küsten und Buchten, die, wie Italo Calvino sagt, immer neue Küsten und Buchten in sich bergen. Eisen und Feuer standen gegen die Sanftheit, gegen Oliven und Zitrusfrüchte. Und die mit Notwendigkeit ablaufende und durch nichts aufzuhaltende Geschichte fand ihre Fortsetzung bis über die Mitte des 20. Jahrhunderts hinaus, als Hochöfen und Fabriken die Gegend um Genua immer weiter in Besitz nahmen. Aber auch jenseits von Genua, entlang der beiden Seiten der Riviera, die sich in der Beschreibung Eugenio Montales wie Chiffren der menschlichen Existenz lesen, gibt es Schiffswerften, Luftfahrtindustrie, Hafen, Container, Betonlandschaften und ein ganzes Heer von Zweitwohnsitzen außerhalb der Großstädte, von denen die Menschen begonnen haben zu fliehen.

Die Bauspekulation der 1960er Jahre aus: Laura Guglielmi (Hrsg.), *Dal Fondo Dell'opaco Io Scrivo / From the Depths of the Opaque I write. Calvino. Da San Remo a New York / Calvino from San Remo to New York,* Bordighera und Genua: Istituto Internazionale di Studi Liguri, De Ferrari Editore 1999, S. 128

Wer schon vor Jahren zu behaupten wagte, dass dieser industrielle Boom ein Ende haben wird und man andere, nicht mit der Umwelt konkurrierende Entwicklungs- und Lebensmodelle entwerfen müsse, wurde belächelt, wenn nicht gar offen ausgelacht. Und es bedurfte der Europäischen Gemeinschaft und der Entwicklung einer immer stärker spezialisierten Schwerindustrie, um eine Diskussion in Gang zu bringen, die von den beiden Riviere schüchtern angestoßen worden war. Die Frage lautete: Warum an der Küste von Odysseus' Meer Stahl produzieren? Die Bestimmung Liguriens liegt vielmehr in der »Industrie« der Gastfreundschaft. Man sah Ligurien nunmehr als das Florida Europas, mit klimatischen Mittelwerten, die denen der amalfitanischen Küste gleichen, und versprach sich Vorteile von der Nähe zu den Wirtschaftszentren Norditaliens und zum Alten Kontinent. Eine längst fällige, aber dennoch gefürchtete Debatte begann, die nicht immer unbehindert geführt wurde, da alte Überzeugungen und Entscheidungen in Frage gestellt, Prioritäten neu bestimmt und eine radikale Veränderung der politischen Perspektiven in Angriff genommen werden mussten.

Diese im Grunde genommen einfache, aber notwendige Debatte wurde von den verschiedenen Entscheidungsträgern daher nur zögernd aufgegriffen. Ich erinnere mich noch gut an jenen Frühlingsmorgen Ende der 80er Jahre, als der damalige Präsident der Region Ligurien, Rinaldo Magnani, Auszüge aus einer EU-Studie über die Zukunftsperspektiven der Regionen Italiens vorlas, und – Magnani hatte nur noch wenige Tage sein Amt inne – es wagte, die Wahrheit zu sagen, die alle kannten und fürchteten: Genug mit der Schwerindustrie, genug mit den Fabrikschloten, es gilt sich neu zu orientieren, Versäumtes nachzuholen und den Einklang mit der Natur wiederherzustellen. Und es kam die Zeit, in der man die positiven Wirkungen des Tourismus zu erkennen begann – als Impuls für eine ausgeglichene Handelsbilanz, als Katalysator für ein friedliches Zusammenleben der Völker, als Mittler zwischen den Kulturen, als Möglichkeit, die Lebensqualität auch der einheimischen Bevölkerung zu steigern und ihr nicht nur ein festes Einkommen zu sichern.

Geht man von der durchaus realistischen Prognose aus, dass der Anteil an Freizeit und das Pro-Kopf-Einkommen in Europa weiter steigen werden, so wird klar, dass dem Tourismus eine strategische und zentrale Rolle zukommen wird. Er wird zu einer Erfahrung, die die Zukunft der Menschen weitgehend mitbestimmen wird. Dies haben bereits jene Tourismusorte erkannt, die neben der üblichen Förderung von Infrastrukturen und Freizeitangeboten auch in den Kultursektor investieren. In Ligurien wird diese Umorientierung

Strandleben in den Bädern der 1960er Jahre aus: Laura Guglielmi (Hrsg.), *Dal Fondo Dell'opaco Io Scrivo / From the Depths of the Opaque I write. Calvino. Da San Remo a New York / Calvino from San Remo to New York*, Bordighera und Genua: Istituto Internazionale di Studi Liguri, De Ferrari Editore 1999, S. 129

schon längst in die Praxis umgesetzt, beispielsweise in Kleinstädten wie Alassio (das die höchste Frequenz an Touristen in ganz Ligurien aufzuweisen hat) und in Provinzen wie Savona (die allein nahezu die Hälfte aller Übernachtungen der gesamten Region verzeichnet). Um ein möglichst positives Image beim Medienpublikum und bei einer breiten Schicht von Konsumenten zu erzielen, fühlen sich die lokalen Institutionen und Wirtschaftsunternehmer aufgerufen, kulturelle Aktivitäten zu finanzieren. Allein die Kommune von Alassio gibt beispielsweise jährlich eine Milliarde Lire

... für den Armchair Traveller

Das andere Reisebuch

BEI ROTBUCH

Hans Christian Andersen
In Spanien
Gebunden mit Schutzumschlag
272 Seiten

Peter O. Chotjewitz
Rom
Spaziergänge auf der Antike
Broschur, 200 Seiten

Peter Costello
Die Pubs der Dichter
Literarische Kneipen-Tour durch Dublin
Mit zahlreichen Fotografien
Broschur, 127 Seiten

Marcello D'Orta
Am liebsten Neapel
Streifzüge durch meine Stadt
Broschur, 208 Seiten

Werner Herzog
Die Dichter von Madrid
Ein literarischer Streifzug durch Cafés und Bars
Mit zahlreichen Fotografien
Broschur, 136 Seiten

Olaf Irlenkäuser
Amsterdam
Ein literarischer Kneipenführer
Mit zahlreichen Fotografien
Broschur, 152 Seiten

Franz Lerchenmüller
Zwischen Küste und Küste
Erlebnis Reisen in Norddeutschland. 19 Ziele und eine Liebeserklärung
Broschur, 152 Seiten

Magib Machfus
Mein Ägypten
Mit zahlreichen Fotogafien
Broschur, 133 Seiten

Ursula Rütten (Hrsg.)
Belgrad, mein Belgrad
Sechs Autoren porträtieren ihre Stadt
Broschur, 224 Seiten

Barbara Schwarzwälder
Barcelona
Spaziergänge mit Dichtern
Mit zahlreichen Fotografien
Broschur, 176 Seiten

Barbara Schwarzwälder
Havanna
Literarische Spaziergänge
Mit zahlreichen Fotografien
Broschur, 160 Seiten

Paolo Tullio
Nördlich von Neapel, südlich von Rom
Broschur, 272 Seiten

www.rotbuch.de

ROTBUCH VERLAG · HAMBURG

(517 000 Euro) für touristische Zwecke aus, aber auch 400 Millionen Lire (207 000 Euro) für kulturelle Veranstaltungen, die vor allem der Literatur gewidmet sind. Ergebnis dieser Investition ist, dass man die Urlaubszeit auch als Zeit der kulturellen Unterhaltung erfahren kann.

Wie vollzog sich nun diese Akzentverschiebung innerhalb des Tourismus, von den traditionellen freizeitbezogenen Konzepten hin zu einer stark kulturell gefärbten Ausrichtung? Wir fragen Monica Zioni, Kulturassessorin der Stadt Alassio und selbst Inhaberin eines Hotels. Sie organisierte gerade in den letzten Jahren eine Reihe von kulturellen Veranstaltungen, die Alassio an die Spitze einer Gruppe von ligurischen Städten mit einer rein touristischen Monokultur geführt haben.

»Angesichts des traditions- und erfolgreichen Kulturprogramms der Stadtbibliothek Alassio, die seit 25 Jahren Buchpräsentationen und Autorenlesungen durchführt, hat die Stadtverwaltung erkannt, dass von diesen Veranstaltungen ein nachhaltiger Werbeeffekt ausging, der sich für den Entwurf einer echten Werbestrategie zugunsten des touristischen Images von Alassio nutzbar machen ließ. Und so haben wir es uns zum Ziel gesetzt, uns in den nationalen kulturellen Diskurs einzuschalten, indem wir beispielsweise regelmäßig mit einem Stand bei der Turiner Buchmesse vertreten waren, wo wir mit der Resonanz der bekanntesten Experten auf dem Gebiet der Literatur rechnen konnten. In diesem Zusammenhang entstand auch die Idee, einen nationalen Literaturpreis auszuschreiben, ›Un autore per l'Europa‹, der im siebten Jahr seines Bestehens nunmehr zu den ersten zehn bekanntesten Preisen in Italien zählt.« Monica Zioni betont weiter: »Die Auseinandersetzung mit der Kultur und der Kontakt mit kompetenten Gesprächspartnern gibt uns auch die Möglichkeit, Veranstaltungen zu unseren eigenen kulturellen ›Wurzeln‹ durchzuführen und damit die Voraussetzung zu schaffen, die spezifisch ligurische Kultur funktional auf die Gestaltung eines touristischen Angebots zu beziehen. Dieses Angebot für die Gäste und Besucher Liguriens darf nicht auf Sonne und Meer begrenzt bleiben, sondern muss die Möglichkeit bieten, unsere Region und ihre Menschen kennen zu lernen.«

Die Erfahrungen von Alassio stehen, wie wir bereits gesehen haben, nicht vereinzelt da. Emanuele Ravina, Generaldirektor der »Azienda di promozione Turistica Riviera delle Palme« (APT) mit Sitz in Alassio, ist zuständig für die touristische Entwicklung der gesamten Provinz Savona; er betont: »Unsere Aufgabe ist es, den Gast optimal zu empfangen und die Besonderheiten unserer Region bekannt zu machen – Besonderheiten, die in unserer Tradition und unserer Kultur verankert sind. Mit dem touristischen Produkt ›Ligurien‹ möchten wir unsere Landschaft und die literarischen Erzeugnisse, die aus ihr entstanden, vermarkten. In diesem Zusammenhang erinnere ich an das Engagement der APT in den Jahren 1999/2000 für die Konzeption, Einrichtung und Werbung der Kulturparks in der Provinz Savona. Neun dieser an der Literatur, Geschichte und Landschaft Liguriens orientierten Parks wurden bereits eingerichtet; sie bieten den Touristen vielfältige Ansatzpunkte, unsere Region genauer kennen zu lernen.«

Und was verbindet Emanuele Ravina mit der Kombination »Ferien und Kultur«? Seine Antwort lautet: »Urlaubs- und Freizeit sind die idealen Gelegenheiten, um kulturelle und speziell literarische Angebote anzunehmen. Als APT unterstützen wir zum Beispiel den Literaturpreis ›Un autore per l'Europa‹ gerade aufgrund seiner kulturellen Bedeutung und seiner unmittelbaren Werbewirksamkeit.«

Doch Ligurien ist weit davon entfernt, ein Gleichgewicht zwischen diesem neuen kulturell geprägten Ansatz und den traditionellen Formen des Tourismus gefunden zu haben. Die große Anziehungskraft der ligurischen Landschaft, die den Tourismus bereits Ende des 19. Jahrhunderts in Gang setzte und die Berufung der Region zu Gastlichkeit und Freizeitgestaltung geradezu festschrieb, scheint sich gegen die Landschaft zu kehren. Die wachsende Nachfrage nach Reisen ans Meer stört das Gleichgewicht des Wirtschaftsmarktes, da sie mit einer größeren Rentabilität von Zweitwohnungen – d. h. Ferieneigentumswohnungen, die durchschnittlich nur einen Monat im Jahr genutzt werden – im Vergleich mit Hotelunterkünften verbunden ist. Das Angebot privat vermieteter Unterkünfte übertrifft beinahe schon die Zahl der Unterkünfte im Hotel, Hotelkapazitäten werden immer weiter abgebaut. So hat sich die Anzahl der Hotels in Laigueglia in den letzten dreißig Jahren halbiert. Diese Tendenz setzt sich weiter fort und führt zum Verlust einer Tradition, die in einigen Fällen hundert Jahre alt war; es ist, als ob eine mächtige Industriedynastie auf einmal all ihre Fabriken schließen würde. Denn was sind Hotels anderes als »Tourismusfabriken«?

In Bezug auf die Privatvermietungen bleibt festzuhalten, dass der Eigentümer einer Immobilie ihren Wert nach der größtmöglichen Rentabilität bemisst und sie daher zu Zwecken nutzt, die diese Rentabilität versprechen; die Zweckbestimmungen einer Immobilie zu begrenzen, würde eine Verletzung des marktwirtschaftlichen Prinzips des Privateigentums bedeuten. Die Lösung des Problems kann daher nur darin bestehen, die Hotelwirtschaft beispielsweise auf der Basis von echten Investitionsprogrammen rentabler zu machen.

Besteht die Hoffnung, das Gleichgewicht zwischen Privat- und Hotelunterkünften wiederherzustellen? An dieser Frage entscheidet sich die Zukunft Liguriens – einer Region mit außergewöhnlichen landschaftlichen Reizen, wo Meer, Himmel und Berge Momente von intensiver Schönheit und ästhetischer Beständigkeit bieten, die die Zeit als unerschöpflich und ewig sinnlich erfahrbar macht.

Übersetzung: Sabine Zangenfeind

Franco Gallea

Eine Büchersammlung als Spiegel der ligurischen Kultur

Ligurien ist eine kulturell sehr lebhafte Region, mit vielfältigen Initiativen in den Bereichen Theater, Musik, Folklore und Literatur. In der Vergangenheit gelang es ihr allerdings oftmals nicht, die eigenen Aktivitäten hervorzuheben und sie einem großen italienischen und europäischen Publikum bekannt zu machen. Erst in den letzten zwanzig Jahren hat sich ein kritisches Bewusstsein und der Wille zu einem systematischeren Umgang mit dem eigenen kulturellen Erbe entwickelt.

Einige der bedeutendsten literarischen Stimmen des 20. Jahrhunderts kommen aus Ligurien, so Eugenio Montale, Italo Calvino, Camillo Sbabaro, Mario Novaro, Giovanni Boine, Adriano Grande, Vittorio G. Rossi sowie Gina Lagorio, Giuseppe Conte, Nico Orengo, Francesco Biamonti, um nur einige der bekanntesten Persönlichkeiten aus der zeitgenössischen italienischen Literatur zu nennen.

In Ligurien gibt es keinen Verlag von nationalem Rang; es gibt jedoch einige sehr aktive, kreative Verleger, die Neuheiten präsentieren und engagierte Studien vorlegen, wie zum Beispiel Sabatelli, De Ferrari, San Marco dei Giustiniani, il Melangolo, Sagep, Ecig usw. Das Verlagshaus Marietti hat sich in jüngster Vergangenheit das Verdienst erworben, die Bücher einiger der bedeutendsten ligurischen Schriftsteller in Italien und Europa publik zu machen, die literarischen Stimmen der »kleinen Vaterländer« Europas (Minderheitenliteraturen, die sehr aktiv und originell sind) in Italien laut werden zu lassen und über das aufgeschlossene Genua eine Bresche für die islamische Mittelmeerkultur zu schlagen.

Zur Pflege der ligurischen Buchkultur wurde 1981 in Peagna, einem kleinen Dorf nur wenige Kilometer landeinwärts in den Hügeln von Ceriale, eine Vereinigung mit dem Namen »Amici di Peagna« gegründet. Sie hat es sich zur Aufgabe gemacht, dem ligurischen Verlagswesen zu einer Plattform zu verhelfen, eine Verbindung zwischen den verschiedenen Verlagsinitiativen herzustellen und eine Stätte der Begegnung für Schriftsteller, Verleger und Buchhändler zu etablieren, um bei einem breiteren Publikum, vor allem auch bei Schülern und Jugendlichen, ein größeres Interesse für die regionale Literatur zu wecken. Es soll eine Art Schaufenster für weniger bekannte Schriftsteller, lokale Verleger und Autoren eröffnet werden, die zwar äußerst anspruchsvolle und wertvolle Werke produzieren, jedoch nicht über die entsprechende Verbreitung verfügen, die letztlich erst aus der Kenntnis und Information über die lokale Buchproduktion erwachsen kann. Getragen von der Begeisterung einheimischer Wissenschaftler und Forscher entwickelte sich die Initiative der »Amici di Peagna« in den nunmehr zwanzig Jahren ihres Bestehens zu einem festen Bezugspunkt für die Verbreitung von Literatur und für den Dialog über die Kunst in einer rein bäuerlich geprägten Provinz. Peagna ist ein kleines, zwischen Olivenhainen gelegenes mittelalterliches Dorf mit wenigen hundert Einwohnern. In einer nicht mehr genutzten Ölmühle findet jedes Jahr zwischen dem letzten Augustsonnabend und dem ersten Sonntag im September eine Ausstellung statt, die die ligurische Buchproduktion der letzten fünf Jahre präsentiert und zur Konsultation und Lektüre empfiehlt – insgesamt etwa 3000 Titel. Die Anzahl der Bücher, die jährlich zu einem ligurischen Thema publiziert werden, schwanken zwischen 700 und 900, aus den Bereichen Prosa, Lyrik, Geschichte, Kunst, Wirtschaft und Folklore – eine imposante Zahl von Titeln, die meist in geringer Auflage erscheinen, aber sehr häufig das Ergebnis einer minutiösen und originellen Recherche sind.

Seit 1982 wird von allen im entsprechenden Jahreszeitraum publizierten Texten über Ligurien ein kommentierter Katalog erstellt, der Rezensionen und Inhaltsangaben enthält. Der ca. 160 Seiten umfassende Katalog wird an alle Verlagshäuser, öffentliche Bibliotheken, Kulturvereinigungen und ligurischen Emigrantenverbände im Ausland verschickt. Diese Publikation dient nicht nur der Information, sondern versteht sich auch als »politisches« Projekt, das einen konkreten Beitrag leisten will zu einer ligurischen Identitätsbildung und Einheit, die in jüngster Zeit durch politische Spannungen, territoriale Rivalitäten und wirtschaftliche Probleme der einzelnen Provinzen stark beeinträchtigt wurde.

Im Umfeld der Ausstellung sind 1983 zwei weitere besondere Initiativen entstanden: die so genannten »Kulturabende« und die »Anthia«-Preise, benannt nach einer antiken Quelle in Peagna.

Im Rahmen der »Kulturabende« stellen Gruppen von Schriftstellern und Verlegern ihre Texte und Verlagsprogramme vor und diskutieren nach dem Prinzip einer Talkshow Fragen zum Literaturbetrieb und Buchmarkt. Die Veranstaltung, an der jedes Jahr etwa 60 Personen auf der Bühne zwischen den Ölbäumen teilnehmen, wird so zum Erfahrungsaustausch und zur Ideenschmiede.

Die unter dem Namen »Anthia« verliehenen Preise für Verdienste um die ligurische Kultur werden derzeit in vier Kategorien vergeben: seit 1983 für das »Ligurische Buch des Jahres«, seit 1987 für »Journalismus, Publizistik und Kulturvermittlung«, seit 1990 für »Kunst und Graphik« und schließlich seit 1991 für »Film«. Ein kurzer Blick auf die Liste der Preisträger ergibt ein lebendiges Bild der ligurischen Kultur. Ausgezeichnet wurden dabei auch Persönlichkeiten von internationalem Rang, wie beispielsweise 1988 Enrico Rovegno für seinen Roman *Viglia* (Verlag Marietti), der die tragische, von liebevollen Erinnerungen und schmerzhaften Vorwürfen geprägte Beziehung eines jungen Mannes zu seinem im Sterben liegenden Vater erzählt. 1989 und 1998 erhielt Nico Orenga den Preis für *Ribes* (Johannisbeere) und *Il salto dell'ac-*

ciuga (Der Sprung der Sardine) (beide bei Einaudi veröffentlicht) – Texte voller Ironie und Erinnerungen eines Schriftstellers, der sich von der Welt des westlichen Ligurien an der Grenze zu Frankreich inspirieren ließ, dort wo die Grenze in den Herzen der Menschen nie existierte. 1990 wurde das postume Werk von Italo Calvino *La strada di San Giovanni* (Die Straße von San Giovanni) (Verlag Mondadori) ausgezeichnet, ein ligurisches Erinnerungsbuch im Stil des jungen Calvino, das mit der betonten Beschwörung der Landschaft der Riviera fast eine Rückkehr zum Ursprung darstellt. 1991 und 1994 wurde Francesco Biamonti für *Vento largo* [*Weiter Wind*] (it. Turin 1991) und *Attesa sul Mare* [*Die Erwartung*] (it. Turin 1994; Stuttgart 1996) prämiert. Biamonti ist ein perfekter Kenner der französischen Literatur, ein Schriftsteller mit stilistischer Raffinesse, dem es gelingt, mit einem existentiellen und trockenen Stil die Atmosphäre der ligurischen Hügel- und Grenzlandschaften einzufangen und eine Welt zu beschreiben, die in Auflösung begriffen ist, die ihre Identität und ihre Seele zu verlieren droht. 1993 und 1996 erhielt Giuseppe Conte den Preis »Anthia« für *Fedeli d'amore* [*Die Liebestreuen*] und *L'impero e l'incanto* [*Das Reich und der Zauber*] (beide bei Rizzoli erschienen): In seinen in Westligurien angesiedelten Texten wird Ligurien als weltoffene Region geschildert; in seinen originellen Geschichten versammelt Conte all jene Elemente, die für den kulturellen Synkretismus der Ligurer so kennzeichnend sind – Einflüsse aus der Welt der Magie, des Orients, der Kelten und Römer, die die authentische ligurische Kultur auf das nachhaltigste prägten. 1992 wurde Camilla Salvago Raggi ausgezeichnet für *Prima del fuoco* [*Vor dem Fenster*] (bei Longanesi); die genuesische Schriftstellerin, Ehefrau von Marcello Venturi, zeichnet darin die Erinnerungen der eigenen Familie auf und rekonstruiert die Welt einer Adelsfamilie im 19. Jahrhundert, die sich Neuerungen gegenüber durchaus aufgeschlossen zeigt, aber auch an Traditionen festhält. Wie man sieht, entsteht hier ein lebendiges Bild einer modernen und weltoffenen Erzählliteratur. Ein Kennzeichen der ligurischen Kultur ist gerade diese Offenheit; sie stellt sich als Erfahrung einer Grenzregion von europäischer Bedeutung dar und steht damit im Einklang mit dem Selbstverständnis der antiken Ethnie der Ligurer.

Einen ähnlichen Eindruck gewinnt man, wenn man einen Blick auf die Liste der prämierten Künstler wirft: Gigi Caldanzano (1990), Elena Pongiglione (1991), Mario Rossello (1992), Eliseo Salino (1993), Raimondo Sirotti (1994), Giovanni Berio (1995), Guglielmo Bozzano (1996), Bernardo Asplanato (1997), Ernesto Treccani (1998), Emanuele Luzzati (1999) und Milena Milani (2000).

Von großer Bedeutung für die Kulturarbeit der »Amici di Peagna« ist die vor einigen Jahren etablierte Zusammenarbeit mit dem Kulturassessorat der Stadt Alassio, die die Preise »Un autore per l'Europa« und »Un editore per l'Europa« verleiht. Mit den Italianistik-Professoren verschiedener europäischer Universitäten, die der externen Jury des Preises angehören, und mit den italienischen Professoren Giovanni Bogliolo, Lorenzo Mondo und Alberto Beniscelli wurden öffentliche Diskussionsrunden beispielsweise über die ligurische Literatur, über die Texte *La regina disadorna* [*Die schmucklose Königin*] von Maurizio Maggiani oder *N* von Ernesto Ferrero durchgeführt. Ab 2001 werden sich die Literaturwissenschaftler jedes Jahr mit dem Werk eines bedeutenden, im Ausland jedoch kaum bekannten ligurischen Autors kritisch auseinandersetzen. Begonnen wird mit dem Erzähltext *Il Peccato* [*Die Sünde*] von Giovanni Boine, dessen literarische Produktion eng mit der Arbeit einer sehr originellen Literaturzeitschrift, der *Riviera Ligure* verknüpft ist. Die Zeitschrift geht auf eine Initiative des genuesischen Speiseölherstellers Sasso zurück, wurde ab 1895 zusammen mit dessen Produkten beworben und vertrieben und gilt damit als beredtes Beispiel für die beginnende Verzahnung von Werbung, Wirtschaft und Kultur. Diesem kommerziellen Ursprung entsprechend, verfolgte *La Riviera Ligure* kein dezidiert literarisches Programm, sondern behielt bis zur letzten Ausgabe 1919 ihren regional-folkloristischen Charakter: Ligurische Landschaftsbeschreibungen und -skizzen finden sich neben Rezepten der lokalen Küche, einheimische Intellektuelle verfassen für eine breite Leserschicht hauptsächlich unterhaltsame oder humoristische Kurzerzählungen, die die ligurische Küste als »maritimes Arkadien« preisen und deren agrarische Wirtschaftstraditionen idealisieren.

Im Rahmen der sich immer weiter entwickelnden Kulturarbeit zwischen Alassio und Peagna wird der Öffentlichkeit 2001 eine Bibliothek zugänglich gemacht, die mehr als 10000 Bände über ausschließlich ligurische Themen besitzt und darüber hinaus eine Videothek, eine Zeitschriftensammlung und eine Pinakothek integriert. Damit sind die besten Voraussetzungen für ein »Forschungszentrum« geschaffen, das der Vermittlung und Untersuchung ligurischer Kultur und der Erschließung neuer Forschungsmaterialien dienen soll.

Die Schaffung eines europäischen Bewusstseins vermittels der Kenntnis und Analyse der eigenen, regionalen Kultur ist von größter Bedeutung in einer historischen Phase, in der man leicht vom richtigen Weg abkommt, wenn Einigungsprozesse nur ökonomischen und nicht kulturellen Kriterien unterworfen werden; es muss mit der Unterstützung lokaler und regionaler Kulturen errichtet werden; Europa kann nicht den Anschluss von einzelnen lokalen an größere und »starke« Kulturen bedeuten; Europa ist keine Addition, sondern eine Synthese der vitalsten und aufgewecktesten Eigenheiten. In diesem Sinne sind die Ligurer dazu aufgerufen, den ihnen eigenen Sinn für Weltoffenheit und Gastlichkeit zu pflegen – zwei Konzepte, die mit der eigenen Identitätsbildung eng verbunden sind. Die Kultur, und vor allem jene, die aus dem Inneren des Volkes erwächst, muss der Anknüpfungspunkt sein, um das Bild eines Landes zu errichten, denn die Kultur ist derjenige Bereich, wo jeder Einzelne am ehesten spezifische Verantwortungen übernehmen kann. Von dieser Ebene aus muss sich auch Ligurien auf den Weg machen, um auf der Reise in Richtung Integration zu einer führenden Lokomotive zu werden und nicht zum bloßen Waggon, der gezogen wird.

Übersetzung: Sabine Zangenfeind

Giacomo Nervi

Ligurische Kulturparks

Es war nicht einfach, sie zusammenzubekommen: Einige haben einen etwas eigenwilligen Charakter, andere kommen von sehr weit her, und dann haben sie eigentlich genug andere Dinge zu tun. Inzwischen konnten wir sie jedoch fast alle überzeugen: Ligurien ist stolz darauf, seinen Gästen das beste Reiseführerteam aller Zeiten vorstellen zu können. Unsere »neuen« Reiseführer sind mit der Region sehr vertraut, sie sprechen mehrere Sprachen und vor allem werden sie Sie mit originellen Beschreibungen und ihrem raffinierten Sprachstil überraschen. Einige von den Führern sollen Ihnen ihre Lieblingsorte beschreiben, die ihnen ans Herz gewachsen sind, weil sie dort ihre Wurzeln haben oder sich dort niederließen. Andere werden Sie an ihren Eindrücken teilhaben lassen, die sie als gebildete und aufmerksame Reisende sammeln konnten. Sie werden Sie durch eine besondere Art von Park begleiten, wo Sie selbst die Wege und Ziele wählen können, die Sie am meisten anregen. Aber das Beste ist: Sie müssen unsere Reiseführer nicht erst per Internet buchen oder sich gar in ein Fremdenverkehrsbüro begeben, um sich mit ihnen zu treffen: Um sie an Ihrer Seite zu haben, brauchen Sie nur ein Buch aufzuschlagen oder sich von Ihrer Erinnerung tragen lassen...

Wie Sie bereits gemerkt haben dürften, bewegen wir uns im Reich der Fantasie: Wir möchten Sie auf diese Weise neugierig machen und Sie den Geist spüren lassen, mit dem die so genannten Kulturparks eingerichtet wurden. Dabei handelt es sich um virtuelle Parks: Ihr imaginäres Gebiet umfasst Orte, die von Schriftstellern, Dichtern und Malern besucht und besungen wurden. Mit diesen Kulturparks will das Kulturministerium der Region die Besucher zu einer langsamen und intelligenten Entdeckung Liguriens anregen. Die Hinweisschilder, die Veröffentlichungen, die Aufführungen und sonstigen Veranstaltungen, die von den Organisatoren der Parks betreut werden, weisen vielfältige Möglichkeiten auf, den literarischen »Routen« zu folgen. Vermutlich ist Ihnen mittlerweile klar, dass es sich bei den Reiseführern (auch sie natürlich imaginär!) um niemand anderen als jene Künstler und Intellektuellen handelt, die sich im Laufe der Jahrhunderte von der Landschaft und den Menschen Liguriens haben inspirieren lassen. Können Sie sich interessantere Reisegefährten vorstellen? Also lassen wir unserer Fantasie weiterhin freien Lauf, um einige von ihnen kennen zu lernen.

Der erste Park liegt an der Grenze zur Toskana. Unsere Begleiter hielten sich gerne an der Mündung des Magra auf: In Bocca di Magra begegneten sich Giulio Einaudi, Elio Vittorini, Marguerite Duras, Cesare Pavese, Carlo Emilio Gadda, Giovanni Giudici, Giorgio Bassani, Luciano Bianciardi und, nicht zuletzt, Eugenio Montale. Der Kulturpark »Magra-Tal und Lunigiana« kann mit einer beeindruckenden Mannschaft von Schriftstellern aufwarten: Sie begleiten uns auf langen Spaziergängen an einsamen Stränden, von den Ruinen der römischen Stadt Luni bis nach Ameglia und, vom Mündungstrichter des Magra wieder flussaufwärts, bis nach Sarzana. Um das Landesinnere kennen zu lernen, überlässt man sich am besten einheimischen Begleitern: Wir befinden uns unter »Leuten, die aus einem besonderen Holz geschnitzt sind«, wie sie selbst sagen. Ortonovo, Castelnuovo, Vezzano, Arcola und die anderen kleinen Städte in der Lunigiana besuchen wir zusammen mit Ceccardo Roccatagliata Ceccardi und Maurizio Maggiani, die ihre Landsleute richtig zu nehmen wissen. Wenn wir von den Gipfeln der Apuanischen Alpen aufs Meer blicken, erkennen wir bei klarer Sicht Korsika am Horizont, »den Anschein einer Insel«, wie Fortini sie sah. Und schon sind wir am nächsten Park angelangt.

Wenn Sem Benelli ihn »Golf der Dichter« nannte, so hat das seinen Grund. Die Bucht von Lerici, ein kurzer Bogen von San Lorenzo bis Tellaro, ist vielen Menschen, die mit der Feder meisterlich umzugehen wussten, ans Herz gewachsen. »Ich möchte so gern weder schreiben noch etwas tun müssen«, gesteht D. H. Lawrence. »Lerici ist warm und blau«, träumt Virginia Woolf. »Hier herrscht ein einzigartiges Gefühl der Ruhe und Abgeschlossenheit«, versichert Mario Soldati. Es erscheint unmöglich, dass sich in dieser bezaubernden Umgebung die Tragödie von Mary Shelley abspielen konnte: In ihrer Villa in San Terenzo wartete die englische Schriftstellerin vergeblich auf ihren Ehemann Percy, der von den Wellen verschlungen worden war. Diesem unglücklichen Liebespaar ist der Kulturpark »Golf der Dichter« gewidmet.

In Monterosso erwartet uns Eugenio Montale. Ehrfürchtig nähern wir uns dem Haus, das seine Eltern bauen ließen, direkt gegenüber den Höhlen, die der Mesco in den Felsen gespült hat; als Kind verbrachte der Dichter hier seine Ferien. Wir treten an das Gitter zum Garten, vor uns die »ausgedörrten Gärten«, das »Felsengeviert«, »das Vogelgeschrei«, die »helle, herbe Sonnenhitze« und unten das Meer, das »Schuppe um Schuppe sich in seiner blassen Bläue verfärbt«. Das ist die Landschaft der Cinque Terre, der Ort, wo der zukünftige Nobelpreisträger seine Poetik entwickelte. Der Literaturpark »Eugenio Montale« feiert das, was in der kollektiven Vorstellungswelt zum Stereotyp der ligurischen Landschaft wurde. Auf den Terrassen hoch über dem Meer begleiten erfahrene Reiseleiter die Besucher bei ihrer Suche nach Spuren des Dichters, während Schauspieler seine Verse rezitieren.

Unsere Reise führt uns weiter in den Golf von Tigullio. In Chiavari, Sestri Levante, Santa Margherita, Lavagna, Portofino und Rapallo lebt die Erinnerung an Andersen, Bo, Byron, Cascella, Capote, D'Annunzio, Dante, Freud, Gadda, Hesse, Kandinsky, Nietzsche, Petrarca, Picasso, Pound, Quasimodo, Sbarbaro, Stendhal, Wagner, Yeats, und die Liste ist noch lange nicht vollständig.

Die Skulptur von Flavio Furlani zu dem bekannten Resistenza-Lied »Fischia il vento« bringt die Entrüstung und Spannung des Jahres 1945 zum Ausdruck

Nur wenige neugierige Schritte durch den Kulturpark »Tigullio« genügen, um zu erkennen, dass das Märchen von der kleinen Meerjungfrau nicht in Kopenhagen entstand, dass Wagner das Unwetter, das ihn verschonte, auf der Höhe von Sestri in Musik verwandelte, und dass sich Nietzsche und Zarathustra auf einem Weg in Zoagli begegneten.

In Genua steht uns bis jetzt nur ein Reiseführer zur Verfügung, aber wir hätten es nicht besser treffen können. Der etwas schüchterne Herr gibt an, »von Genua infiziert zu sein«, mehr noch: »Ich bin Genua«, erklärt er seinen Zuhörern immer wieder. Niemand könnte uns mit größerer Leidenschaft durch die Gässchen der Innenstadt führen als Giorgio Caproni. Anschließend unternehmen wir einen Spaziergang in das »senkrechte Genua«, in die ruhigen Viertel mit den Alleen und den *creuse*, den winzigen Gassen, die sich die Hügel hinaufwinden. Schließlich wird uns nahe gelegt, »jedwede Ungeduld zu unterdrücken«: Auf der Staatsstraße 45 überqueren wir gemächlich den Apennin; die Straße schlängelt sich an einem Fluss entlang, der »kaum ein Rauschen und ein wenig Kühle hinter den Blättern« ist. Hier ist das »felsige Ligurien mit seinen zuckersüßen Früchten«, wo in Fontaningorda der erste »poetische Rundweg« eingerichtet wurde, der sich durch den geheimnisvollen »Feenwald« schlängelt. In Montebruno eröffnet in Kürze ein Forschungszentrum, in dem sich eine Rekonstruktion von Capronis Arbeitszimmer befinden wird. Darüber hinaus beherbergt es ein Archiv und das Sekretariat, von dem aus der ihm gewidmete Kulturpark betreut wird.

Dem Kulturpark »Ligurische Palmenriviera« liegt ein anderes Konzept zugrunde: Auf den Wegen sollen historische, archäologische und künstlerische Kenntnisse vertieft werden. So lebt das Heldenepos der Resistenza auf der Route »Es pfeift der Wind« im Hinterland von Albenga wieder auf. Die archäologischen Überreste des Römischen Reichs, aber auch die mittelalterliche und die barocke Architektur bestimmen die Route der Via Julia Augusta von

Ceriale nach Andora. Die Straßen, die einst von den Marchese Del Carretto kontrolliert wurden, erinnern an die feudale Vergangenheit des Varatella- und des Neva-Tals. Die Familie Della Rovere, aus der die Päpste Sixtus IV. und Julius II. hervorgingen, hat einen unauslöschlichen Eindruck in der Geschichte und der städtebaulichen Anlage Savonas hinterlassen. Weitere Routen sind in Vorbereitung: In Loana soll an das Adelsgeschlecht der Doria erinnert werden, der »Spaziergang Camillo Sbarbaro« führt von Borgio Verezzi nach Spotorno, der Wanderweg »Die Orte der Keramik« von Vado bis zu den Zwillingsstädtchen Albisola Marina und Albisola Superiore; die Texte der Risorgimento-Schriftsteller Abba und Barilli bilden den Kontrapunkt zur Reise durch das Bormida-Tal. Der Park von Varazze schließlich erzählt das Mittelalter aus der Sicht von Jacopo da Varagine.

Im Italien des 20. Jahrhunderts ist es keinem der doch so kosmopolitisch ausgerichteten Intellektuellen gelungen, sich von den überquellenden Erinnerungen an die Orte der eigenen Kindheit zu befreien. Selbst Italo Calvino war ein Opfer dieses angenehmen Fluchs, der ihn zwang, viele seiner Geschichten in der vertrauten und geliebten Landschaft zu verorten, in Ligurien eben. Stellen wir uns vor, die Spielkameraden jenes einsamen Kindes zu sein, als welches er beschrieben wird. Ausgangspunkt ist sein Elternhaus in San Remo: »... oben brauchte man nur aus der Küchentür auf den Weg zu treten, der hinter dem Haus den Berg hinauf führte, und man war sofort auf dem Land, weiter die mit Kieselsteinen gepflasterten Maultierpfade hoch, zwischen Trockenmauern, Weinstöcken und all dem Grün ...« Wenn man sich heute auf die Suche nach der »Straße von San Giovanni« macht, wie sie in der Erzählung beschrieben wird, ist der Weg zu den mit Blumen übersäten Grundstücken der Calvinos kaum noch auszumachen. Aber nicht alles hat sich verändert im Ponente, wie der Westen Liguriens genannt wird: So gibt es noch die von Giovanni Boine besungenen Olivenhaine und die zauberhaften Ansichten des Nervia-Tals, wie sie Claude

Monet festhielt, der für zehn arbeitsreiche Wochen in Bordighera residierte. Der Kulturpark »Blumenriviera – Seealpen« soll diese faszinierenden Winkel bewahren. Der Reiseführer »Literarische und künstlerische Ziele der Riviera dei Fiori«[1] wurde ins Deutsche übersetzt; in den kleinen Städten der Provinz Imperia organisiert das deutsch-italienische Kulturinstitut Ausstellungen nordeuropäischer Maler und Dichterlesungen in deutscher Sprache.

Unsere Fantasiereise endet schließlich an der Grenze zu Frankreich – auch unsere virtuellen Parks stoßen also an eine reale Grenze. Doch jedes Mal, wenn wir die Sehnsucht verspüren, die Reise noch einmal zu machen, brauchen wir nur die Bücher der Dichter und Schriftsteller aufzuschlagen, die uns den Weg gewiesen haben. Unsere unvergleichlichen literarischen Begleiter haben uns gezeigt, dass in den Kulturparks Liguriens »all das, was uns gefällt, aber auch das, was uns erschreckt, in unmittelbarer Reichweite liegt«, um noch einmal mit Italo Calvino zu sprechen.

Anmerkung

1 Der Reiseführer ist nicht im Buchhandel, sondern bei den örtlichen Fremdenverkehrsämtern erhältlich.

Nützliche Adressen:

Parco culturale Val di magra – Terra di Luni
Info: Laboratorio d'arte contemporanea della Lunigiana,
Tel. 039 0187 600317,
e-mail carlasanguinete@tin.it

Parco culturale Lerici – Golfo dei Poeti
Info: Comune di Lerici / Centro Italiano Femminile, Tel. 039 0187 831
www.comuni.lerici.sp.it, e-mail: pubblist@iclab.it

Parco letterario Eugenio Montale
Info: Associazione Mediterraneo / Fondazione Ippolito Nievo,
Tel. 039 018721223

Parco culturale del Tigullio
Info: Associazione pagina 98 / APT »Tigullio«, Tel. 039 0185 269 024

Parco culturale Giorgio Caproni
Info: Edizioni San Marco dei Giustiniani, Tel. 039 010 247 4747

Parco culturale Riviera delle Palme – Savona
Info: Società Savonese di Storia Patria / APT »Riviera delle Palme«,
Tel. 039 0182 647 129/30 – 039 019 882 383,
e-mail lunardon@mail.sirio.it

Parco culturale Riviera dei Fiori – Alpi Marittime
Info: Cooperativa Liguria da Scoprire,
Tel. 039 0183 290 213, Fax 0183 272759,
e-mail parco-culturale-im@libero.it / Liguriadascoprire@libero.it

Übersetzung: Maren Wöll

Notizbuch

»Italien ist Knochenarbeit«[1]
Ein Nachruf auf den Journalisten Werner Raith

Werner Raith kannte Italien, das er als Wahlheimat betrachtete, aus zahlreicheren Perspektiven als die meisten anderen, die professionell darüber berichten. Er hat gerne dort gelebt, hatte einen freundlichen Blick für die kulturellen Besonderheiten und für die menschlichen Schwächen, denen er begegnete – oder die seinen unermüdlichen Tatendrang zuweilen aufhielten. Wie viele gute Journalisten steckte auch er voll schnurriger Beobachtungen und Anekdoten. Sie waren nie herablassend oder menschenverachtend. Das waren auch seine Texte nicht, und nie haben sie versucht, die Wirklichkeit zu verharmlosen.

In all dem war er ständig gegenwärtig. Geschah etwas Bemerkenswertes, war er längst da, und bemerkenswert war alles, was den Lesern die italienische Gesellschaft verdeutlichen konnte. Er war präzise und kompetent im Fragen und aufmerksam im Zuhören, er drängte sich nicht in den Mittelpunkt und war dennoch unübersehbar und unüberhörbar anwesend; er wollte nicht verehrt werden, er wollte etwas erreichen. Er war gewiss nicht stolz, ein Bayer zu sein, aber er war Bayer mit überzeugender Selbstverständlichkeit; er gehörte eher zur Tradition von Oskar Maria Graf. Vor allem aber repräsentierte er einen spezifischen bayerischen Typus: sich selbst. Mit seiner italienischen Existenz hat er nie kokettiert, obwohl das Tempo, in dem er Italienisch sprach, seine soziale Umwelt zuweilen atemlos machte. Er hatte einfach keine Zeit, langsam zu reden.

Werner Raith mochte schöne Gegenden und gute Situationen, aber dem schönen Schein ist er dabei nie nostalgisch begegnet – weder in Italien noch anderswo. Er wusste, dass sich hinter scheinbar offenherziger Jovialität, traditionsbewusster Kunstliebe oder historischer Sensibilität hinterhältige Korruption, skrupellose Durchstecherei, Verschwörungen gegen das

Gemeinwohl und das kaltschnäuzige Niedertrampeln von Hilflosen verbergen können.

Immer wieder hat er diese Zusammenhänge zugleich erforscht und bekämpft und dabei stets gegen den Schein Stellung bezogen. Wenn er ihn thematisierte, dann nicht um ihm kokettierend auf den Leim zu gehen, sondern um in ihm oder hinter ihm die wirkliche Wirklichkeit, um die es ihm ging, zu entdecken. Das tat er als Historiker, als Journalist und schließlich als Autor von Reiseführern, Jugendbüchern, Kriminalromanen und gemeinsam mit Xenia Raith in der Thematisierung des Familienlebens. Seine Arbeitsintensität war für alle unglaublich. Es gab Gerüchte, dass er doch hin und wieder schlief, aber sie sind ungesichert.

Die gesellschaftliche und politische Wirklichkeit war für Werner Raith Medium seiner Existenz und nicht Objekt distanzierter Beobachtung. Immer bezog er eindeutig Stellung, und wenn ihm das noch nicht möglich war, forschte er so lange weiter, bis sich ihm eine moralische Entscheidung aufdrängte. Dabei war er frei von jedem Anflug von Zynismus oder Ironie. Er sah die Wirklichkeit beherrscht vom Unterschied zwischen Ausbeutern und Ausgebeuteten, zwischen Schurken und Opfern, zwischen Starken und Schwachen. Das war Gegenstand seiner frühen historischen Untersuchung Spartacus gewesen, es blieb das Thema seines Lebens. Seine Sympathien waren eindeutig.

In diesem originären Sinne hörte Werner Raith nie auf, politisch zu sein. Zwar musste er schreiben, um zu leben und Schulden aus einem gescheiterten Verlagsprojekt abzuzahlen. Aber es war erkennbar, dass er seine ganze Existenz als politische Auseinandersetzung empfand. Obwohl andere Zeitungen ihn weitaus besser bezahlt hätten, arbeitete er zwischen 1985 und 2000 für die *taz*, weil er in ihr das politische Projekt sah; und er verließ sie erst, als er es nicht mehr aushielt.

In den sechziger und siebziger Jahren teilte er die politische Existenzform mit vielen seiner Generation. Wie viele von ihnen verband er eine intensive politische Selbstidentifikation mit gut gemeinten Verblendungen, die ihn früh schon in ein politisch aufgeregtes Italien führten und die inzwischen zur Zeitgeschichte gehören. Er war aber einer der wenigen, die die Prinzipien dieses Selbstverständnisses nicht aufgaben. Deshalb könnte er sowohl nach den Kriterien des liberalen Kulturbetriebs wie nach denen des heute alle Lebensbereiche durchdringenden Kasinokapitalismus als gescheitert gelten: Er wechselte von Mathematik und Physik zur Geschichte, er promovierte und habilitierte, aber er wurde ein Journalist, der unermüdlich recherchierte, forschte, argumentierte und schrieb. In der eigentlich nicht verbleibenden Zeit hat er als politische Person unentgeltlich weitergearbeitet. So etwas passt weder in die Leistungs- noch in die Informationsgesellschaft; Werner Raiths moralischer Ernst wirkte in unserer Gegenwart etwas altmodisch.

Schlüsselthema seiner Arbeit, seiner politischen Wahrnehmung und seiner politischen Besorgnisse war die Mafia. Er sah in ihr immer einen Gewalt- und Ausbeutungszusammenhang; ihre Fassaden waren seinem Wirklichkeitsverständnis entsprechend nichts als Fassaden, die täuschten und verbargen. Auch wenn die Mafia in die hohe und niedere Politik und in die unterschiedlichsten Alltagswelten hineinreichte, hörte sie für ihn nicht auf, eine bösartige Verbrecherorganisation zu sein.

Werner Raith verfolgte, wie diese Krake sich in die politische und wirtschaftliche Welt Italiens hineinfraß, wie sie sich korrupte Strukturen nutzbar machte und assimilierte. Immer wieder vergrub er sich entsprechend in die der Öffentlichkeit abgewandten verbrecherischen Zusammenhänge von Geheimdiensten, Militär, Geschäftsleuten und Mafia. In diesen Grauzonen recherchierte und schrieb er unermüdlich – unter anderem über »Gladio«, über die »P2«, über den Mord an Aldo Moro, über den Absturz der DC-9 bei Ustica und schließlich über die vatikanischen Strategien und den aktuellen Papst. Das meiste über die italienischen und europäischen Grauzonen haben seine Leser von ihm erfahren. Es mag sein, dass er in seinen Rekonstruktionen verbrecherischer und verschwörerischer Zusammenhänge zuweilen den Boden der Plausibilität unter den Füßen verlor. Aber die Details stimmten, Werner Raith hat nie nachlässig recherchiert; und die Zusammenhänge, über die er berichtete, waren ja auch tatsächlich bodenlos. Schließlich thematisierte Werner Raith auch das Vordringen der mafiosen Geflechte in Deutschland und innerhalb der Europäischen Union und den wachsenden Einfluss osteuropäischer Vebrecherorganisationen, die sich in die westeuropäischen einknüpften. Politische Korruption und Mafia zogen sich für Werner Raith nachweisbar an.

In seiner Erforschung und Darstellung der Mafia und der sie in sich aufnehmenden korrupten Beziehungen präzisierte sich Werner Raiths Gegenposition. Auch für sie gab es italienische Vorbilder: vor allem die unbeugsame moralische Position der Anti-Mafia-Bewegung, des von der Mafia schließlich ermordeten Carabinieri-Generals Alberto Dalla Chiesa und seines Sohnes Nando: Es war die Position einer unbedingten Gegnerschaft im Namen moderner Rechtsstaatlichkeit. Die Hauptgefahr, die Werner Raith sah, war, dass Korruption und mafiose Beziehungen den Staat von innen her aushöhlen, ihn übernehmen und zu einem Instrument ausbeutender und verbrecherischer Unterdrückung machen könnten und dass dann nichts mehr zu machen wäre. Deswegen war er für den kompromisslosen Kampf gegen jegliche Korruption, Unterschlagung, Verschwörung gerade innerhalb der westlichen politischen Strukturen, also auch in Deutschland und in der europäischen Union. Bei aller Sympathie für die politischen Basisbewegungen gegen die Mafia, ihre Kraft allein reichte nicht aus; auch die noch nicht korrumpierten Teile des Staatsapparates müssten zur Zerschlagung der Krake eingesetzt werden. Eine andere Hoffnung auf Rettung gab es nicht. Er bekämpfte den eleganten Zynismus des liberalen Publikums und die Realitätsblindheit seiner eigenen Generation, die, wie er meinte, in harmloser Naivität und Ignoranz verharrte. Gegen sie schrieb er an. Er nahm wahr, dass es bislang kaum ein Bewusstsein jener Gefahren gab, welche sich auch in Deutschland längst mitten in die Beziehungen zwischen halblegaler Politik und halblegaler Wirtschaft eingenistet hatten. Dass er angesichts der Gefahr mit jenen Teilen des Staates zusammenarbeitete, die das organisierte Verbrechen und die Korruption aufhalten sollten, verstand sich da von selbst. Das BKA war ihm kein Feind, sondern Partner.

Wie viele italienische Intellektuelle der Anti-Mafia-Bewegung, die aus wacher Erfahrung wissen, worum es geht, war Raith ein unbedingter Anhänger rechtsstaatlicher Legalität. Es ging ihm um die Bewahrung politischer Strukturen, die die Möglichkeit rationaler und humaner politischer Auseinandersetzungen sicherten. Hinter alldem stand das institutionalisierte Ideal eines Gemeinwesens, in dem die Bürger nicht gegängelt werden und sich für ihre gemeinsamen Interessen aktiv einsetzen können – nicht müssen. Um des Schutzes der Rechtsordnung willen, war Werner Raith für die Kronzeugenregelung, für weitgehende Abhörbefugnisse der Staatsorgane, wie sie im Kampf gegen die Mafia in Italien erfolgreich eingesetzt wurden, für Überwachungskameras. Das Weiterwuchern mafioser Netze durch scheinbare Liberalität zu fördern, ihr etwa aus Gründen des Persönlichkeitsschutzes jene Schlupflöcher offen zu halten, durch die sie sich ungehemmt ausdehnen kann, hielt er für verhängnisvoll naiv. Er wurde deshalb schließlich von einem Teil der deutschen Linken und einem Teil der Liberalen angefeindet.

Der 1940 in Regensburg geborene Werner Raith starb Anfang März in seinem Wohnort Terracina an Herzversagen. Auch Zibaldone hat mit ihm einen seiner wichtigsten und freundlichsten Autoren verloren. Nicht nur dieser Zeitschrift fehlt er.

Ehrhard Stölting

Anmerkung

1 W. Raith: »Leben und Recherchieren in Italien«, in: *Der Papst treibt Teufel aus. Italienische Reportagen*, Köln: Förtner & Krömer 1987, S. 9.

Ein Leben als vertauschter Sohn

Andrea Camilleri erzählt Luigi Pirandellos Leben

Hexen der Nacht stehlen und vertauschen Säuglinge. Statt ihres schönen Sohnes, der »weiß war wie die Milch und blond wie Gold«, hält eine arme Frau eines Tages ein hässliches Kind in den Armen. In ihrer Verzweiflung sucht sie eine Wahrsagerin auf. Diese erzählt ihr, dass ihr leiblicher Sohn lebe wie ein Prinz und glücklich sei, solange sie das ihr anvertraute Kind gut behandle. Obgleich die Mutter es dem fremden Kleinen fortan an nichts fehlen lässt, fühlt der »vertauschte Sohn« die Distanz, merkt, dass irgendetwas ihn von seiner Familie trennt.

Als der kleine Luigi Pirandello die Geschichte des vertauschten Sohnes aus dem volkstümlichen Sagenschatz seines Kindermädchens Maria Stella zum ersten Mal hört, ist ihm der Inhalt eine Offenbarung: Er selbst muss ebenfalls von den Hexen vertauscht worden sein! Wer kann schon bezeugen, wo er in Wirklichkeit herkommt? Luigi Pirandello erblickt 1867 in der Flur Càvuso (das sizilianische Wort bedeutet »Hose« und ist eine dialektale Verstümmelung des griechischen Wortes Chaos) zwischen der Stadt Agrigent und Porto Empedocle in Sizilien das Licht der Welt. Die Mutter Caterina hatte dort vor einer schweren Choleraepidemie Zuflucht gesucht. Aus Schreck über den Zustand ihres Mannes Stefano, der ausgemergelt von der Cholera vor ihr steht, gebiert sie ihren ersten Sohn bereits verfrüht im siebten Monat. Als Don Stefano kurze Zeit später nach einem Schusswechsel mit einem ehemaligen Sträfling und Mafioso blutend nach Hause kommt, verliert sie die Muttermilch. Jedes Mal, wenn der Vater die Mutter erschrickt, so folgert Luigi später, geschieht auch ihm ein Unglück. Nichts verbindet ihn mit dem »warmen Blut« seines Vaters, dieses impulsiven Raufboldes, der an der Seite Garibaldis gekämpft hat, Kirchglocken, die seinen Mittagsschlaf stören, einfach zerschießt und überdies eine frühere Verlobte schwängert. Einmal spuckt der introvertierte Luigi der Geliebten des Vaters in einem Kloster ins Gesicht, während Don Stefano flink hinter einem Vorhang verschwindet. Nein, mit diesem Vater möchte er nicht verwandt sein! Er ist am falschen Ort, zu einer falschen Zeit und in eine falsche Familie hinein geboren, als »Glühwürmchen« – wie Pirandello später seinen »unfreiwilligen Aufenthalt auf der Erde« beschreibt – »eines Nachts unter eine große, einsame Pinie in einen Olivenhain gefallen«.

Der derzeit beliebteste Autor Italiens und Spitzenreiter sämtlicher Bestsellerlisten Andrea Camilleri (* 1925) hat ein Buch über das Leben seines großen sizilianischen Landsmannes, den Schriftsteller, Theaterautor und Nobelpreisträger Luigi Pirandello (1867–1936) geschrieben. Er möchte keine Akademiker, Historiker oder Wissenschaftler ansprechen, sondern ganz normale Leser. Statt lediglich die bekannten Fakten aus Pirandellos Leben darzustellen, trägt Camilleri die Begebenheiten und Zeugnisse zusammen, die zeigen, warum Pirandello zeit seines Lebens ein vertauschter Sohn zu sein glaubte. Es geht um das Gefühl, nicht dazuzugehören, um die Vorstellung von der Verdoppelung des Ich, um die Schwäche und Fragwürdigkeit der Identität, die zugleich den Mittelpunkt des Pirandellianischen Denkens und das Grundthema seiner Dichtung ausmachen. Der Versuch, die altertümliche Fabel vom vertauschten Sohn auch wirklich zu leben, die Fiktion in Wirklichkeit zu verwandeln, wird Pirandellos Werdegang bestimmen. Camilleris *Biografia del figlio cambiato* ist im Dezember 2000 bei Rizzoli in Italien erschienen. Camilleri erzählt mit einer kühlen, distanzierten Haltung, mit Einfühlungsvermögen und Ironie. Mit einem humoristischen Lachen, das die Widersprüchlichkeit des menschlichen Lebens reflektiert (wie Pirandello in seinem Humor-Essay 1908 erklärt)[1] und bisweilen in ein »bitteres Grinsen« übergeht: Der tragikomische Charakter, der Pi-

randellos Novellen, Romanen und Theaterstücken eigen ist, prägt auch Pirandellos Leben.

Der »vertauschte Sohn« muss immer wieder beweisen, dass er anders ist. Seine Eltern sind unreligiös, also besucht er den Gottesdienst mit hingebungsvoller Inbrunst. Bald jedoch stellt er fest, was vor und nach ihm in den Kanon der sizilianischen Literatur eingeht: Der Sizilianer verwechselt Frömmigkeit mit Aberglauben. Der »vertauschte Sohn« besucht heimlich eine »vertauschte« Schule, ein humanistisches Gymnasium, obwohl der Vater ihn an einer technisch orientierten Schule glaubt, erst in der bürgerlichen Einförmigkeit seines Provinzstädtchens, später in Palermo. Was ist weiter entfernt von dem väterlichen Beruf – dem Besitzer einer Schwefelmine – als der eines Dichters und Schriftstellers? Luigi veröffentlicht erste Gedichte und Kurzprosa in Zeitschriften. Der Vater verlangt ein Jurastudium, der »vertauschte Sohn« studiert zugleich auch Literaturgeschichte und Philosophie, flieht vor den engen Fesseln nach Rom und – nach einem Streit mit seinem Lateinprofessor – nach Bonn. Dort beendet er 1891 mit einer Arbeit über greco-sikulische Dialekte sein Studium. Die Zeit in Deutschland – in Gesellschaft des streunenden Hundes Mob und der Künstlerin Jenny Schulz-Lander – wertet Camilleri als die glücklichste Zeit in Pirandellos Leben. Pirandello verlässt den »wundervollen Rhein«, den er in den *Rheinischen Elegien* besingt, trotzdem, denn er fühlt sich zum italienischen Dichter berufen.

Der erste Teil der Biographie ist in Camilleris unverwechselbarem Stil, in einer Mischung aus italienischer Hochsprache, Sizilianisch und erfundenem Sizilianisch geschrieben. In einem – wie Camilleri sagt – *italiano bastardo*, das die Norditaliener für sizilianischen Dialekt, die Westsizilianer für Ostsizilianisch und die Ostsizilianer für Westsizilianisch halten. Bei dem der Erzähler bisweilen hinter den Dingen verschwindet, um die Dinge selbst sprechen zu lassen und den Gefühlen eine Stimme zu geben. Die absolute stilistische Präzision Pirandellos, der zwölf Komödien im sizilianischen Dialekt geschrieben hat, strebt Camilleri dabei freilich nicht an.

Im zweiten Teil der Biographie gleitet Camilleris Sprache fast unmerklich in das Standarditalienisch, passend zu Pirandellos Umzug nach Rom. Auf der Zugfahrt in die italienische Hauptstadt brüstet sich Pirandello mit deutschen Redewendungen und schlüpft in die Rolle eines weltgewandten Ausländers. Ein Portrait Lucio

D'Ambras zeigt ihn mit hellen Haaren, bleichem Gesicht, Spitzbärtchen und goldener Brille. Er trägt einen Hut mit breiter Krempe, eine kunstvoll gewickelte Krawatte, Hosen mit peinlich genauen Bügelfalten und besticht durch sein elegantes, vornehmes Auftreten. Doch auch in Rom kann der junge Schriftsteller ohne die väterliche finanzielle Unterstützung nicht überleben. Ernüchtert schreibt er nach Hause: »Ich habe keinen Willen mehr. (...) Macht mit mir, was ihr wollt.« Er stimmt damit einer Geldheirat zu, einem opportunistischen Heiratsgeschäft, um endlich das eigene, unabhängige Leben des »vertauschten Sohnes« als Schriftsteller leben zu können. Doch das Geld geht verloren, und die Frau wird verrückt. (Dieselbe Finanzkrise, bei der Don Stefano im Jahre 1903 das Vermögen seiner Schwiegertochter verliert, führt übrigens zu dem finanziellen Ruin des Schwefelunternehmens von Camilleris Urgroßvater!) Camilleri zufolge hat Pirandello seiner Frau gegenüber intellektuelle Gewalt ausgeübt, die der »natürlichen« Gewalt seines autoritären Vaters in nichts nachstand: Er hat sie erziehen und in eine »Gefährtin der Kunst« verwandeln wollen. Er hat sie damit überfordert. Mit ihrem Vermögen sieht Antonietta ihren Wert vollends schwinden. Sie zerstört – getrieben von einer krankhaften Eifersucht – die Manuskripte ihres Mannes, lauert ihm vor der Schule auf, an der Pirandello inzwischen als Lehrer tätig ist, und klagt ihn, den Vater ihrer drei Kinder, sogar des Inzests an. Pirandello plagen Schuldgefühle: »Die Verrücktheit meiner Frau, das bin ich.« Um anders zu sein als sein Vater, erträgt Pirandello alle Schicksalsschläge mit stoischem Gleichmut. In seiner Familie wird niemand im Stich gelassen. In seiner Familie wird auch nicht betrogen: Pirandello bleibt seiner Frau treu und übergibt sie erst zwanzig Jahre später in die Pflege einer psychiatrischen Klinik. »Pirandello schrieb nur deshalb so, wie er schrieb, weil er eine verrückte Frau hatte«, schlussfolgern die Mitglieder eines kulturellen Zirkels aus Camilleris Roman *Die sizilianische Oper* [München, Piper 2000]. Pirandello hat als Schriftsteller einfach sein Leben aufgeschrieben.

Als Pirandello nachts an seinem ersten Roman *Il fu Mattia Pascal* (1904) schreibt, wird ihm klar, dass freie Willensentscheidungen nicht möglich sind. Der Mensch ist nicht Herr seines Schicksals, sondern Spielball dunkler Mächte. Zur Ohnmacht verdammt. Zu einem Scheindasein verurteilt. Das Leben ist nicht mehr zu ändern, kann aber in eine Vielzahl von Identitäten oder Selbstdarstellungen aufgespalten werden. Mattia Pascal, der versehentlich von seiner Familie für tot erklärt wird, nutzt dies als Chance, um als Adriano Meis ein neues Leben zu beginnen. Er kehrt zurück und schmückt weinend sein eigenes Grab mit Blumen. Auch der Bankier Moscarda, Held des letzten Romans Pirandellos wird *Einer, Keiner, Hunderttausend* (1926). Er gerät anlässlich einer Bemerkung seiner Frau über seine Nase in eine Identitätskrise. Seine Persönlichkeit zerbricht an den realen und imaginierten Blicken der anderen. Luigi Pirandello selbst setzt sich eine Maske auf, hinter der er sein wahres Ich verbirgt. Er verwandelt sich in den »vertauschten Sohn« ohne Vater. Nur wer »das Spiel verstanden« hat, ist vor Selbstbetrug und Illusion gefeit.

Camilleri erforscht in seiner überzeugenden Romanbiographie das Wesen eines geborenen Skeptikers und großen Spötters der europäischen Literatur. Da von Kindheit und Jugend Pirandellos – abgesehen von den Erinnerungen seines Freundes Nardelli – wenig überliefert ist, lässt Camilleri seiner Phantasie freien Lauf: »Nichts ist wahr, und wahr kann alles sein.« Camilleris Biographie gleicht selbst einer Legende, einem Märchen. Der Leser vermeint fast, einen weiteren spannenden, am Ende des vorigen Jahrhunderts angesiedelten Roman Camilleris in den Händen zu halten, wie etwa *Jagdsaison* (München, Piper 2001) oder *Die Mühlen des Herrn* (Berlin, Wagenbach 2000). Denn auch in seinem Prosawerk bezieht Camilleri sich kontinuierlich auf Pirandello, erweist ihm stetige Ehrerbietung. Er verwendet Pirandellianische Namen und Ortsbezeichnungen: Der Name der fiktiven Stadt Montelusa etwa ist ein erklärter »Diebstahl« aus Pirandellos *Tonache di Montelusa* der Sammlung *Novellen für ein Jahr* (1929). Camilleris berühmter Kommissar Salvo Montalbano löst seinen letzten Fall (*La gita a Tindari*, Palermo 2000) unter dem schützenden Schatten eines Pirandellianischen Olivenbaumes. In der Montalbano-Erzählung *Being here* entdeckt der Protagonist in seiner Heimatstadt, dass der Grabstein zum Gedenken der im Krieg gefallenen Soldaten auch seinen Namen enthält. Wie Pirandello erzählt Camilleri von paradoxen Gestalten in komischen Situationen, die verwechselt werden und sich missverstehen. Camilleris Roman *Der unschickliche Antrag* (Berlin, Wagenbach 1999) ist ein Zitat aus Pirandellos einzigem historischen Roman *Die Alten und die Jungen* (1909) – über Sizilien als Sinnbild einer besiegten

Insel – vorangestellt. In beiden Werken werden die Kolonialisierungsversuche Siziliens durch norditalienische Präfekte und Bürokraten in der Zeit des *Postrisorgimento* beschrieben sowie die enttäuschten Hoffnungen, die an Garibaldis patriotischen Einzug geknüpft waren. Die Grundstruktur von Camilleris jüngstem, historisch orientierten Roman *La scomparsa di Patò* (Mailand 2000) birgt das Pirandellianische Spezifikum der vielfältigen Brechung von Realität. Das Geschehen wird auf verschiedenen Ebenen gespiegelt: Patò, der während einer Bühnenaufführung des Leidensweges Christi den Verräter Judas mimt, verschwindet spurlos beziehungsweise entschließt sich – wie Mattia Pascal – spurlos zu verschwinden. Alle anderen Figuren zerbrechen sich über Patòs Verschwinden den Kopf, und jeder vermutet etwas anderes.

Pirandello und Camilleri beschreiben in ihren erzählenden Werken die gewöhnliche Welt und Mentalität des alten Siziliens. Die Identitätskonflikte der Figuren Pirandellos sind auf die sozialen Widersprüche der sizilianischen Gesellschaft zurückzuführen, auf Rollenmuster, deren Zerfall – bei Ehebruch oder Ehrenfrage beispielsweise – den Einzelnen bis zur Selbstauflösung und zum Wahnsinn treiben kann. Pirandello stilisiert diese Zweifel aus der Betrachtung der alltäglichen sizilianischen Realität heraus zu einer existentiellen Problematik. Camilleri hingegen distanziert sich mit Ironie – die ihn der Meister Pirandello gelehrt hat – von dem literarisch vermittelten Bild eines ausschließlich in der Tragik von Gewalt, Pessimismus, Fatalismus und Unsicherheit gefangenen Siziliens. Von einem Bild, das der stets mit dem Tod und dem Nichts kokettierende Pirandello selbst entscheidend geformt hat. In Camilleris Werk findet dieser suggestive literarische Sizilienmythos lediglich in der Form des Zitats eine Fortsetzung.

Camilleri verarbeitet beispielsweise ein Kindheitserlebnis Pirandellos, das er auch in der Biographie des »vertauschten Sohnes« ausführlich schildert: Pirandello wohnt als Kind neben der Bahre eines Toten dem »seltsamen Tanz« eines eng umschlungenen Paares bei, einer Buñuel würdigen Groteske. Der kleine Luigi aber erlebt den ersten Kontakt zu Liebe und Tod als realistisch-grausame Verbindung. Der große sizilianische Schriftsteller Leonardo Sciascia erklärt aus dieser Kindheitserfahrung die Tatsache, dass bei Pirandello Liebe immer in einer nicht idealen Verbindung mit dem Tod dargestellt wird. Keine einzige Seite in Pirandellos umfangreichem Werk widmet sich der erfüllten Liebe. Bei Camilleri hingegen gibt es zahlreiche fröhlich-anstößige Liebesszenen. In dem Roman *Die sizilianische Oper* entbehrt der Liebesakt des Kommissars Puglisi mit der schönen Agatina in der verrußten Küche in unmittelbarer Nähe zweier Toter im Nebenzimmer jeglicher Tragik; Camilleri scheint diesen Akt sogar in einen Beweis der Allmacht und der Diesseitigkeit des Eros (auch in den absurdesten Situationen) verkehren zu wollen.

Einem weiteren Kindheitserlebnis Pirandellos misst Camilleri in seiner Biographie ebenfalls große Bedeutung bei: Während eines Schusswechsels zum »Begleichen einer Rechnung« der *Cosa nostra* auf der Straße vor Pirandellos Haus, schließt das Kindermädchen Maria Stella die Fensterläden. Der kleine Luigi soll die Schreie des Sterbenden nicht hören. Diese Dinge sind *fatti loro* (ihre Angelegenheiten) und gehen nur die anderen etwas an, auch wenn man hin und wieder gerne auf die Unterstützung einer einflussreichen Persönlichkeit zurückgreift und als Gegenleistung Stimmen bei Wahlen oder andere Gefälligkeiten verspricht. In allen seinen Romanen, Erzählungen und Theaterstücken wird Pirandello eingedenk dieser Geste Maria Stellas beharrlich die Mafia aussparen, »die Fensterläden« – wie Camilleri sagt – »vor ihr versperren«. Bei Camilleri hingegen durchzieht die Problematik der organisierten Kriminalität in Sizilien alle Romane, sei es auch nur als düsterer Hintergrund. Bisweilen rückt er dem Mafia-Mythos dezidiert auf den Leib, indem er ihn der Lächerlichkeit preisgibt. Camilleri schreibt schließlich zu Zeiten, als *Cosa nostra* – wie er sagt – wirklich *cosa nostra*, die Sache aller Italiener, geworden ist.

Die beiden berühmten Söhne aus der Provinz Agrigent – Literaten, Theatermänner, Exilsizilianer in Rom – trennt fast ein Jahrhundert. Und doch kann Camilleri sich »nicht nicht als Pirandellianer bezeichnen«, wie er in einem Interview erklärt. Sein ganzes Leben stehe in der Schuld Pirandellos. »Ich bin in Porto Empedocle geboren, in Pirandellos Orten aufgewachsen, unsere Familien überkreuzen sich. Pirandellos *La giara* spielt auf dem Landstück, das an die Ländereien meines Großvaters grenzt. Die Luft, die Pirandello geatmet hat, ist dieselbe, die ich eingeatmet habe, der Hutverkäufer Cirlinciò aus meinem Ort ist eine Figur seiner Novellen.« Der bekannte Biograph Pirandellos, Gaspare Giudice, drückte mit Camilleri die Schulbank. Mit dem geflügelten Wort »sunno cosi di Pirinnellu« werden in Porto Empedocle schwierige Familienverhältnisse kommentiert: Personen, die man tot glaubte und die plötzlich wieder auftauchen oder umgekehrt. Personen, die so tun, als seien sie jemand anders und es dann wirklich glauben oder glauben müssen. Einmal kommt Pirandello, riesengroß, in einer Furcht einflößenden, schwarzen »Admiralsuniform« mit Zweispitz und Offiziersdolch an die Wohnungstür der Familie Camilleri, um seine Kusine – Camilleris Großmutter – zu besuchen. Der achtjährige Andrea Camilleri erschrickt fürchterlich. Aus dieser einzigen Begegnung – die er in *Das Fliegenspiel* (Berlin, Wagenbach 2000), einer Sammlung kleiner Anekdoten, linguistischer Analysen seines Heimatdialektes und persönlicher Lebensgeschichte, ausführt – erklärt sich Camilleri schmunzelnd und ein wenig selbstgefällig eine Jahrzehnte währende Abneigung gegenüber Pirandello. Als Regisseur inszeniert er später jedoch zahlreiche Dramen Pirandellos und bearbeitet auch dessen Prosawerk für Theater und Fernsehen. In verschiedenen Aufsätzen beschäftigt sich Camilleri außerdem auch wissenschaftlich mit Pirandellos Arbeit als Regisseur, mit seinen Dialektkomödien und seiner »Strategie der Verspottung«. In zwei für die Tageszeitung *La Stampa* geschriebenen Artikeln rekonstruiert Camilleri humoristisch den Verbleib von Pirandellos Asche.

Warum aber hält Camilleri als großer Pirandello-Experte in seiner Biographie so ausdauernd an dem Plot vom vertauschten Sohn fest? Gibt es auch in Camilleris Leben ein Double? Als Kind – so erklärt er lachend – habe er nachts einmal gehört, wie seine Mutter den Vater fragte: »Bist du sicher, dass das unser Kind ist?«

Camilleri hat sich in seiner Biographie vor allem auf die erste Lebenshälfte Pirandellos und dessen mühsamen Weg zum schriftstellerischen Erfolg konzentriert. Auch hier wird der Biograph Parallelen zu der eigenen Lebensgeschichte gezogen haben. In dem dritten Teil seines Buches räumt er Briefen, Zeugnissen, Zitaten aus dem Werk Pirandellos sowie Erklärungen aus der Literaturkritik mehr Raum ein. Die Biographie wird wissenschaftlicher, als Pirandello berühmt wird. Er wird Theaterautor, Theaterdirektor, Spielleiter und Unternehmer. Er arbeitet mit dem Regisseur und Schauspieler Nino Martoglio, mit dem ihn eine »sizilianische« Freundschaft verbindet, bei der Blicke die Worte ersetzen. Die Uraufführung 1921

Neuerscheinungen

Deutsches Ottocento

Die deutsche Wahrnehmung Italiens im Risorgimento
Herausgegeben von Arnold Esch und Jens Petersen

2000. IX, 356 Seiten. Ln DM 104.– / ÖS 759.– / SFr 89.–. ISBN 3-484-82094-2 (Bibliothek des DHI in Rom. Band 94)

Die insgesamt 18 Autoren dieses Tagungsbandes des Deutschen Historischen Instituts in Rom, darunter Historiker, Archäologen, Musikwissenschaftler und Kunsthistoriker, gehen in ihren Beiträgen der Frage nach, wie Italien in der deutschsprachigen Kultur des 19. Jahrhunderts erlebt, wahrgenommen, dargestellt und bewertet wurde. Aus dem Blickwinkel verschiedener Fachdisziplinen werden die biographischen Zusammenhänge, die institutionellen Rahmenbedingungen sowie die geistesgeschichtlichen Voraussetzungen und Wirkungen der Italienerfahrungen dargestellt, die Gelehrte, Journalisten und Künstler, aber auch Handwerker oder Bettler in der Epoche des Risorgimento machten.

Rolf Petri

Von der Autarkie zum Wirtschaftswunder

Wirtschaftspolitik und industrieller Wandel in Italien 1935–1963

2001. VII, 534 Seiten. Ln ca. DM 156.– / ÖS 1139.– / SFr 134.–. ISBN 3-484-82096-9 (Bibliothek des DHI in Rom. Band 96)

Das Werk untersucht den von Italien seit 1935 forcierten Strukturwandel, die technologische Erneuerung, den Wiederaufbau nach dem Krieg und die italienische Beteiligung an der europäischen Integration sowie die Merkmale des ›Wirtschaftswunders‹. Die Ergebnisse deuten auf strukturelle wie wirtschaftspolitische Kontinuität im Übergang von der halbagrarischen zur industriellen Wirtschaft hin. Von 1935 bis 1963 dominierte eine neo-merkantilistische Strategie, die insbesondere von den zu großer Macht aufgestiegenen Technokraten vertreten wurde. Nicht 1945 oder 1950, sondern das Jahr 1963 symbolisiert die zentrale Bruchlinie in der italienischen Wirtschaftsgeschichte des 20. Jahrhunderts.

Italia et Germania

Liber Amicorum Arnold Esch
Herausgegeben von
Hagen Keller, Werner Paravicini und Wolfgang Schieder

2001. X, 621 Seiten. Ln DM 284.– / ÖS 2073.– / SFr 244.–. ISBN 3-484-80157-3

Der vorliegende Band, den Freunde, Schüler, Kollegen aus vielen Ländern Arnold Esch, dem scheidenden Direktor des Deutschen Historischen Instituts in Rom zum 65. Geburtstag gewidmet haben, behandelt Themen, die ihm und der Forschung wichtig waren und sind: Der Historiker und die Gegenwart, Rom und die Päpste, Kunst und Künstler, Menschen und Schicksale, diesseits und jenseits der Alpen gezeigt an Überlieferungen und Texten. Arnold Eschs Blick reicht weit und deshalb wird auch hier weit geschaut: vom Frühmittelalter bis zur Gegenwart, auf Leben und Nachleben, Kunst und Geschichte, Wirtschaft und Archäologie. Stets aber geht es um Italien in Europa, konkret und anschaulich und nach dem Ganzen zielend, so wie er selber es liebt. Die Werke, in denen er dies gezeigt hat, nennt das beigegebene Schriftenverzeichnis.

von *Sechs Personen suchen einen Autor* – die »Quintessenz des modernen Dramas« (Peter Szondi), ein Spiel im Spiel, das seinerseits wieder ein Spiel im Spiel enthält – fällt in Rom durch; vier Monate später in Mailand feiert das Stück einen triumphalen Erfolg. Auf dem Höhepunkt seiner Laufbahn bittet Pirandello 1924 um Beitritt in die faschistische Partei. Warum? Camilleri gibt in seiner Biographie nicht auf alles eine Antwort. In einem langen Interview mit Marcello Sorgi (*La testa ci fa dire*, Palermo 2000) analysiert er jedoch Pirandellos Verhältnis zum »Regime« eingehend. Es wäre schön gewesen, wenn Camilleri das Identitätsproblem Pirandellos, das Motiv des »vertauschten Sohnes«, von den Familienverhältnissen auch auf Pirandellos politische Überzeugungen übertragen hätte oder auf den fehlenden Kontakt und die fehlende Identifikation mit der literarischen Avantgarde seiner Zeit. Pirandello wurde trotzdem in die Italienische Akademie gewählt und erhielt als dritter Italiener nach Giosuè Carducci und Grazia Deledda 1934 den Nobelpreis für Literatur.

Die Ironie des Schicksals holt Pirandello, der alles anders machen wollte als sein Vater, ein: Unverständnis und lange Phasen des Schweigens kennzeichnen sein Verhältnis zu den eigenen Kindern. Camilleri sieht hier eine Wiederholung der schwierigen Vater-Sohn-Beziehung. Sohn Fausto wird ein berühmter Maler. Er entzieht sich der Dominanz des Vaters, indem er sich nach Paris absetzt. Der älteste Sohn Stefano trägt den Namen des Großvaters, wird aber schreiben wie sein Vater. Auch er empfindet das väterliche Erbe als Last – Pirandello dirigiert und signiert seine Aufträge – und ändert seinen Namen in Stefano Landi. Egoistisch wünscht Pirandello die innig geliebte Tochter Lietta in seine Nähe, auch auf Kosten ihrer Ehe. Pirandello nimmt den eigenen Vater schließlich kurz vor dessen Tod in sein Haus auf. Es kommt zu einer Annäherung, zu einer Versöhnung: Pirandello nimmt endlich Abschied von der Fiktion. Den vertauschten Sohn gibt es nicht mehr. Er bezeichnet seinen Vater in Briefen an seine Tochter nun nicht mehr als »den, dessen Namen ich trage« oder »Großvater«, sondern nennt ihn – wie Camilleri hervorhebt – zum ersten Mal »Vater«.

Camilleri zeigt, dass Pirandello auch als Schriftsteller sein ganzes Leben lang immer wieder auf das Motiv der volkstümlichen Erzählung zurückgreift: Die Erzählung *Il figlio cambiato* ist Teil der Sammlung *Novellen für ein Jahr.*

In seinem letzten unvollendeten Drama *Die Riesen vom Berge* (1936), das Camilleri 1975 in einem Aufsatz als Stück mit einer klaren antifaschistischen Botschaft deutet, zitiert er die Novelle explizit als Werk eines durch Selbstmord aus dem Leben geschiedenen Dichters. Endlich die Befreiung vom vertauschten Sohn! 1932 verwandelt Pirandello die Novelle vom vertauschten Sohn in ein Opernlibretto *La Favola del figlio cambiato*. Die Betonung liegt nun auf dem Wort Märchen. Die Uraufführung mit der Musik Gianfranco Malipieros findet 1934 in Deutschland statt. Die Oper wird erst mit Beifall überschüttet und später von der nationalsozialistischen Zensur verboten. Grund ist, so vermutet Camilleri, dass Pirandello – anders als in der eingangs beschriebenen Novelle – hier an die ganze Sage anknüpft: Nach vielen Jahren kehrt der echte, schöne, hochgewachsene Sohn und Prinz, der ganz dem arischen Schönheitsideal entspricht, zurück in die Stadt seiner armen Mutter. Er bleibt bei ihr und lässt an seiner statt den »vertauschten«, hässlichen Sohn auf dem Schiff davonreisen und König eines nordischen Landes werden.

Henriette Klose

Anmerkung

1 Pirandellos Werke liegen in deutscher Übersetzung vor: *Gesammelte Werke*, 16 Bde., Propyläen, Berlin 2000.

Azienda Agricola Sartori

Es gibt Momente, da kommen selbst einem unbeirrbaren Optimisten die eigenen Träume wie bunte Papierdrachen vor, die nur in der Fantasie zum Fliegen gebracht werden können – so schwierig erscheint ihre Verwirklichung.

Für den in Piacenza geborenen Luigi Sartori war jedoch die konkrete Umsetzung von Ideen so lebenswichtig wie die Luft zum Atmen. Landwirt aus Berufung, Weinbauer aus Leidenschaft, lernte er schon seit frühester Jugend all das, was die Menschen in seiner Umgebung über Weinberge, Trauben und Weine wussten, und als er glaubte, das gesamte Wissen der Alten aufgesogen zu haben, begann er herumzureisen, um zu erfahren, was man anderswo darüber wusste. Zu den Weingärten in den Ebenen der Emilia, in denen rote Trauben gedeihen, kamen so auch einige Weinberge in Latium, wo auf geschwungenen Hügeln Trauben für die großen Weißweine reifen.

Rotwein, Weißwein, Rosé... Sartori wusste um die enge Verbindung zwischen einem bestimmten Boden und dem, was er hervorbringt, eine Verbindung, die sich nicht nur mit den vorhandenen chemischen Elementen und organischen Substanzen erklären lässt, sondern bei der auch metaphysische Kräfte wirken, etwas, das »der Seele eines Bodens« gleichkommt, ein unsichtbares Gewebe, das die unabdingbare Voraussetzung dafür ist, dass etwas außergewöhnlich Gutes entsteht.

Es war gegen Ende der vierziger Jahre, als Luigi Sartori nach Ligurien kam, um Ware für seinen Obst- und Gemüsehandel zu kaufen, und natürlich interessierte er sich auch für die Weine, die hier produziert wurden: Pigato, Vermentino, Rossese, Ormeasco und andere. Er kannte nicht nur die entsprechenden Anbautechniken, sondern auch die Kriterien für die Wahl der richtigen Weinberge, bei denen die Kombination von Boden und Produkt stimmen würde.

Sartori bewunderte die Hartnäckigkeit, mit der die ligurischen Bauern winzige Anbauflächen bearbeiteten. Die unzähligen kleinen Weinberge waren allesamt von Trockenmauern umgeben, die in Ligurien seit jeher nicht allein zur Abgrenzung dienten, sondern in erster Linie zur Abstützung der steilen Hänge, die ansonsten zu Tal gegangen wären.

Als Sartori schließlich nach Leca di Albenga kam und den Hügel zur alten *Torre Pernice* (Rebhuhnturm) hinaufstieg, spürte er intuitiv, dass an diesem Ort ein hervorragender Wein gedeihen würde, und die nachfolgenden Untersuchungen bestätigten ihm, dass die Bodenbeschaffenheit, die Ausrichtung des Hanges, die Belüftung und das Mikroklima ideal waren. In diesem Augenblick erwachte in ihm ein Traum.

Angesichts des abschüssigen Hügels, der nur aus Felsvorsprüngen und Gräben zu bestehen schien, war Sartori jedoch klar, dass er enorme Mengen von Erdreich bewegen musste, um daraus einen großen, zusammenhängenden Weinberg zu machen. Und wie sollte das gehen, wo der Hügel in Dutzende verschiedener Grundstücke aufgeteilt war? In diesem Moment nahm sich seine Vision wie einer jener bunten Papierdrachen aus.

Doch Luigi Sartori gehörte zu den Menschen, die zwar mit offenen Augen träumen, aber schon im nächsten Augenblick die Ärmel hochkrempeln, um mit der Arbeit zu beginnen; und so erwarb er kurz darauf sein erstes Grundstück auf dem Hügel.

Von nun an bestand sein Ziel darin, den verschiedenen Besitzern bzw. deren Erben möglichst viel Boden abzukaufen, und er verfolgte diesen Plan langsam und beharrlich bis ins hohe Alter: Für die Vollendung seines Projektes benötigte er fast fünfzig Jahre.

Heute stellt das Anwesen mit 11 Hektar Anbaufläche den größten zusammenhängenden Weinberg Liguriens dar. Umgeben von einem Panorama, das vom Meer bis zu den Seealpen reicht, liegt er inmitten der größten ligurischen Ebene, der Albenga-Ebene. Der Anblick ist überwältigend: In geometrischer Anordnung wachsen auf 40000 Rebstöcken in 9 nebeneinander gelegenen Weingärten hiesige Traubensorten. Wie eine Wache erhebt sich am Eingang des Geländes die mittelalterliche *Torre Pernice*, eines jener Bauwerke, die so häufig in den einst von den Sarazenen bedrohten Gebieten anzutreffen sind. Die Türme dienten der Überwachung des Meeres und verbanden sich zu einer Art Netz, das einen breiten Landstrich entlang der Küste überzog. Sie erhoben sich jeweils in Sichtweite voneinander, so dass man mit Hilfe von Lichtsignalen in wenigen Minuten Nachrichten vom Meer bis ins Landesinnere weiterleiten konnte. Heute gilt die *Torre Pernici* als Symbol für die Weitsichtigkeit des Unternehmens.

In den Weinbergen werden die Reben fortwährend von einer sanften, nach Obst und Blumen duftenden Brise gestreichelt: Der Wohlgeruch durchdringt die Trauben und verwandelt sich in jenes delikate Veilchen- und Rosenaroma, das die frischen, geradezu lebendigen Produkte charakterisiert.

Die Weine der Azienda Agricola Sartori findet man in den besten Hotels und Restaurants an der ligurischen Riviera, man kann sie aber auch direkt im Betrieb kaufen.

Angeführt wird die Auswahl an Weinen vom strohgelben Pigato DOC, der nach Banane, reifen Pfirsichen und Honig schmeckt. Der trockene, aber weiche Weißwein ist körperreich und von ausgewogener Säure, der leicht bittere Geschmack fällt angenehm auf. Er eignet sich hervorragend als Aperitif, passt sehr gut zu Fisch, Meeresfrüchten, Austern und feinen Vorspeisen. Der Alkoholgehalt liegt zwischen 11,5% und 12,5%, seine Säure schwankt zwischen 5 und 6 Promille.

Es folgt der Vermentino DOC, dessen klare strohgelbe Farbe mit hellgrünen Reflexen durchsetzt ist. Er verströmt einen zarten Duft nach Kräutern und Wiesenblumen, vor allem Anis und Ginster. Sein feiner, trockener Geschmack, der ebenfalls leicht bitter ist, empfiehlt sich zu Gemüsegerichten sowie zu Vorspeisen und Fisch. Alkohol- und Säureanteil entsprechen denjenigen des Pigato DOC.

Der fast leuchtend rubinrote Rossese kommt schließlich aus dem DOC-Gebiet Riviera Ligure di Ponente; seine Grundlage sind die Rossese-Trauben aus der Gegend um Albenga. Das ausgreifende, duftende und nachhaltige Bukett dieses Weins von mittlerem Körper erinnert an rote Rosen, Erdbeeren und Himbeeren. Der trockene, aber feine und würzige Geschmack eignet sich zu Vorspeisen, Gemüsesuppen und weißem Fleisch. Der Alkoholgehalt liegt zwischen 11,5% und 13%, der Säuregehalt zwischen 5 und 6 Promille.

Die Firmenphilosophie der Azienda Agricola Sartori besteht darin, immer nach dem Besten zu streben. Und so komponierte man einen Pigato DOC – Selezione Torre Pernice, für dessen Herstellung die heutige Inhaberin des Unternehmens, Bianca Dulbecco, die eine große Leidenschaft für den Weinanbau hegt, den geeignetsten Weinberg ausgewählt und »reserviert« hat. Die Produktion ist begrenzt, weil die weniger schönen oder überzähligen Trauben aussortiert werden. Außerdem wird die Lese möglichst lange hinausgezögert, damit der natürliche Reifungsprozess vollständig abgeschlossen ist. Dies garantiert die hohe Qualität des Weines, dessen strohgelbe Farbe mit einem goldenen Schimmer durchzogen ist. Er verströmt einen intensiven Duft nach Papaya, Erdbeerbaum und Vanille; der Alkoholgehalt liegt zwischen 12,5% und 13,5%, der Säuregehalt zwischen 5 und 6 Promille.

Ein besonderes önologisches Kleinod ist die jüngste Kreation des Unternehmens, der Antico Rubino di Aleramo, der aus Rossese-, Barbera- und Cabernettrauben gekeltert wird. Damit wollte man einen besonderen neuen Rotwein entwickeln, bei dem sich der weiche Geschmack des ligurischen Rossese mit dem edlen und starken Profil zweier großer piemontesischer Weine – dem Barbera d'Asti und dem Cabernet – verbindet. Der Wein selbst weist eine nahezu leuchtend rubinrote Farbe auf, während der Schaumkranz leicht orange schimmert. Der ausgesprochen aromatische Duft lässt Nuancen von »goudron« (Teer) bis Vanille erkennen.

Der volle, würzige Geschmack dieses körperreichen Weins ist sehr nachhaltig, verbleibt lange am Gaumen und verträgt sich besonders gut mit rustikalen Gerichten, dunklem Fleisch, Wild und Käse. Der Alkoholgehalt beträgt 13%, der Säuregehalt 6 Promille. Momentan werden 3000 Flaschen pro Jahrgang hergestellt.

Das Weingut erhielt bereits einige begehrte und anerkannte Auszeichnungen, wie etwa die *Duja d'or* von Asti oder das noch angesehenere »Zertifikat für Unternehmen gemäß den Normen UNI EN ISO 9002«, das Sartori im Dezember 1998 als erster ligurischer Betrieb erhielt. Damit wurde offiziell bestätigt, dass der Betrieb den internationalen Vorschriften für die Kultivierung von Weinbergen, die Traubenproduktion und die Weinherstellung voll entspricht. Hervorzuheben ist auch die Tatsache, dass sich das Unternehmen verpflichtet hat, gemäß der Euronorm CEE 2078 zu produzieren, die auf die Reduzierung des Einsatzes von Pflanzenschutzmitteln und Dünger abzielt und die die Anwendung natürlicher Anbaumethoden vorschreibt.

Unsere Geschichte erzählt von Mythen, aber auch von der Wirklichkeit, von der Liebe zum Boden und von menschlicher Hartnäckigkeit, von bäuerlicher Tradition und von der Orientierung an zukunftsweisenden Technologien. Dabei verkörpert die Azienda Agricola Sartori geradezu emblematisch die Möglichkeiten engagierter Menschen im Kampf gegen einen scheinbar unaufhaltsamen Niedergang, ein Kampf, in dessen Verlauf sich die Verbindung von Idealismus und Realitätssinn als die stärkste Waffe erwies.

Giampiero Barone

Übersetzung: Maren Wöll

Rezensionen

Gina Lagorio: *Elogio della zucca*, Rizzoli, Mailand 2000

Es schneit und ich beobachte die typische Berliner Straße, in der ich wohne, eingetaucht in graues Tageslicht. Die alten Häuser, einige davon ›top-saniert‹, andere in dem Zustand wie vor zwanzig Jahren, stehen dicht nebeneinander, und es scheint so, als ob sie sich gegen das Wetter zur Wehr setzen wollten. In jedem Haus sind Geheimnisse verborgen, und nur abends kann man gelegentlich durch die erleuchteten Fenster einen Einblick in das Innenleben der Gebäude bekommen: in einem Haus Hochbetten, Kristallleuchter, Bilder, Bücherregale, in dem anderen Deckenstuck oder schwarze Tücher, die wie Rabenflügel von der Decke herabhängen. Einige Details sind kitschig, einige sind schön, andere zeugen von schlechtem Geschmack, andere wiederum sind einfach hässlich: Die Beurteilung erfolgt je nach Geschmack und ästhetischem Empfinden des Passanten. Alte Häuser sind wie alte Menschen, denke ich, jedes und jeder hat seine Geheimnisse, schöne und hässliche Seiten, beide haben Schmerz, Freude, Abenteuer und Niederlagen, Frustrationen und Erfolge gesehen und erlebt. Nur wer neugierig ist und den Blick nach oben wirft, ohne zu fürchten, als neugierig oder indiskret angesehen zu werden, kann etwas davon erfahren.

Ich habe gerade das letzte Buch von Gina Lagorio *Elogio della zucca* [*Lob des Kürbisses*] (it. Mailand 2000) gelesen, und es scheint mir mit seinen Geschichten über alte Menschen, Kindheitserinnerungen, schmerzliche und freudige Erlebnisse und alltägliche Enttäuschungen wie eine Begehung alter Häuser, eine Einladung, von Wohnung zu Wohnung zu schlendern, an dem Leben zwischen fremden Wänden teilzunehmen, einen Blick in die versteckten Ecken des Lebens zu werfen. Und nicht nur in die Repräsentationsräume, in die gute Stube, oder in das neu eingerichtete Wohnzimmer, nein, auch in die Besenkammer, in die Küche, in das Badezimmer.

Gina Lagorios Buch ist eine Sammlung von kurzen Erzählungen, die in fast musikalischer Ordnung in drei Sätze und ein Finale (drei unbetitelte Kapitel und ein Epilog) unterteilt ist: Das erste Kapitel enthält zwölf Erzählungen und ist wie eine Galerie, in der viele mit tiefer Menschenkenntnis porträtierte Figuren am Leser vorüberziehen. Das zweite, bestehend aus vier Erzählungen, beleuchtet dreihundert Jahre italienischer Geschichte, und das dritte, mit fünf

Erzählungen, ruht in den durch die Erinnerung verklärten Lebensstationen der Autorin. Am Ende steht das »Lob des Kürbisses«.

In einer leichten und unprätentiösen Sprache (die an Natalia Ginzburg erinnert, die große italienische Schriftstellerin, die wie Gina Lagorio in Piemont lebte) schildert sie mit bewegter oder kritischer Anteilnahme die kleinen Dinge und die großen Gefühle, die nahen und fernen alltäglichen und historischen Ereignisse, die das Leben von Menschen und Stätten ausmachen. Diese Leichtigkeit könnte den Leser dazu verleiten, die Erzählungen in schnellem Durchgang zu lesen (und dabei zu denken »Endlich ein schönes, leichtes Buch, das die Konzentrationsfähigkeit nicht zu sehr strapaziert und die Aufmerksamkeit nicht zu sehr beansprucht«), bis er an einen Satz, an eine fast nebenbei geschriebene Bemerkung stößt und innehalten muss. Erst beim zweiten, aufmerksameren Hinsehen spürt er, dass sich hinter diesen Geschichten ein tiefes, aus Lebenserfahrung entstandenes Geheimnis versteckt. Auch minimale Ereignisse oder Emotionen können universelle Aspekte in sich tragen, auch individuelle Schicksale fügen sich in eine bedeutungsvollere Geschichte ein. Lagorios Geschichten erzählen von intakter Lebenssehnsucht trotz fortschreitenden Alters, von der Erkenntnis, dass jedes Individuum in die Geschichte von Familie und Gesellschaft eingefügt ist, von der Wiederentdeckung des eigenen Selbst in der schmerzhaften Auseinandersetzung zwischen den Generationen, von der Mühe, sich den persönlichen Verfall einzugestehen, von der Schwierigkeit, vom Leben zu lassen, nachdem man die Welt »verzehrt« hat, von der Verstrickung in Leidenschaft und Abhängigkeit von der Liebe.

Ein großer Teil dieser Erzählungen ist, neben diesen ›alltäglichen‹ Themen, der Kraft und der Bedeutung der Erinnerungen gewidmet, bezogen sowohl auf die ›große‹ und ›kleine‹ Geschichte als auch auf die Orte (eine Art ›Geographie der Seele‹), die für sie von großer Wichtigkeit gewesen sind.[1] Aus den Seiten Gina Lagorios entstehen die Bilder von kleinen Leuten, die die Geschichte immer erdulden müssen, von Religion und Glauben, von Helden und Opfern der Resistenza, von der Grausamkeit des Krieges, vereint in den »so vielen und so unterschiedlichen Gedächtnissen«, die ein Mensch haben kann. Durch ihre Benennung werden Ortschaften und Plätze, die als erlebte »Orte des Glücks« einen magischen Wert besitzen, zum Symbol für etwas anderes. Sie sind voller Farben, riechen nach

Parfüm, nach frisch gemahlenem Kaffee und Schokolade, lassen Tanzmusik erklingen. Bra, Lagorios Geburtsstadt ist die Sehnsucht »nach einem schuldlosen Alter (...), nach einer verlorenen Unschuld«.

Wenn das Gedächtnis »der Kern unserer Identität« ist, besteht die Aufgabe des Alters darin, »den neuen Generationen die Erinnerung zu übergeben«. Und dabei wird das Alt-Werden mit den Worten von James Hillman (dem Gina Lagorio eine Erzählung widmet) nicht zur Verdammnis, nicht zur passiven Erwartung des Todes, sondern zur »Enthüllung des eigenen wahren einzigartigen Ichs«[2], zur Fähigkeit selbst zu sehen, was man ist, jenseits dessen, was man macht bzw. gemacht hat oder wie man erscheinen will. Die Gabe des Alters ist eine Art »zirkulärer« Blick, der alles umfasst und versteht, in dem alles seine Bedeutung bekommt, und sich alles, wenn auch nicht unbedingt harmonisch, zusammenfügt. Der Blick von Lagorio ist manchmal wehmütig, manchmal streift er liebevoll Menschen und Gegenstände, manchmal verweilt er sehnsüchtig an Orten und Gebäuden, aber er ist keineswegs sentimental; denn Lagorio zeigt auch die Widersprüche, den Kampf zwischen den Emotionen, die Leidenschaften und die blutigen Wunden von Körpern und Seelen.

Beim Blättern der Seiten öffnet man die Tür zu den verschiedenen Wohnungen eines alten Hauses, und dessen Bewohner, Männer wie Frauen, winken uns herein, und wir fangen an, mit ihnen zu reden, etwas von ihnen zu erfahren, mit ihnen zu fühlen, von ihnen zu lernen, ja einen Teil ihrer Geschichte mitzunehmen. Lebensfetzen, die uns melancholisch oder fröhlich stimmen, die aber immer von der »bitteren Leidenschaft des Lebens« der Figuren zeugen.

Man kann sich sicherlich fragen, was ein Kürbis mit all dem zu tun hat. Auf ihrer Terrasse pflanzt Lagorio einen Kürbis, um durch seine grünen Ranken die Mauer »häuslicher« zu machen. Der Kürbis wächst, gibt Schatten, Freude, gelbe Blüten, Früchte, ohne sich zu schonen und ohne etwas dafür zu verlangen, wird krank und verschenkt trotzdem seine Kraft. In vielen italienischen Redewendungen ist er als Bild für Dummheit, Langsamkeit und Dickköpfigkeit verpönt.

Man kann aber über das Leben auch reden, auch indem man einen kleinen, unbedeutenden, dummen Kürbis liebevoll lobt.

Francesca Brunetta

Anmerkungen

1 In einem Interview sagt Lagorio über die Bedeutung der Erinnerung: »Wenn wir kein Gedächtnis haben, sind wir wie Zombies (...), wie Algen, die auf dem Meer treiben. (...) Sich erinnern bedeutet vor allem dies: analysieren, klären, nach den Ursachen suchen.« In: htpp://www.alice.it/cafeletterario/interviste/lagorio.htm.

2 Zitiert nach Umberto Galimberti, »La lunga durata « [»Die lange Dauer«], in *La Repubblica*, 5.1.2001, einer Rezension von James Hillmans *La forza del carattere. La vita che dura* [*Vom Sinn des langen Lebens. Wir werden, was wir sind*] (it. Adelphi, Mailand 2000; dt. Kösel, München 2000).

Salvatore A. Sanna, *Mnemosyne*. Gedichte ital.-dt. Übertragung u. Nachwort von Gerhard Goebel. Einführung von Christoff Neumeister. Verlag für deutsch-italienische Studien, Sauerländer, Aarau und Frankfurt am Main, 1999

Mnemosyne, der Muse der Erinnerung und gleichzeitig Mutter der Musen, widmet Salvatore Sanna seinen zuletzt erschienenen Gedichtband. Das Motiv des Erinnerns bildet den Kern dieser Lyrik und prägt sie in all seinen Varianten – als Heimkehr, als innere Rückreise in die Vergangenheit und in die eigene Kindheit, als Suche nach halb verwischten Spuren und Bildern, die immer wieder zerfallen. »Die Geschichte einer Trauerarbeit« – so hat Christoff Neumeister diese Sammlung in seiner Einführung bezeichnet. Zunächst könnte der unwissende Leser irritiert sein von dieser Definition. Im ersten Teil des Bandes geht es nämlich – so wie bei vielen der früheren Gedichte Sannas – um die Sehnsucht nach der südlichen, sonnigen Küstenlandschaft Sardiniens, der verlorenen Heimat des Dichters, der nun seit vielen Jahren in Frankfurt lebt. Neben Sardinien tauchen weitere Seelandschaften auf wie Cornwall oder die Bretagne, Zeichen für eine zunehmende Abnabelung des Dichters von seiner Heimat. Mehrere Gedichte haben als Hintergrund die »Val d'Orcia«, ein Tal südlich von Siena, das bestimmt eher von den Deutschen als von den Sarden besucht wird. Der Leser kann nun schon ahnen, dass das »Du«, das den Dichter begleitet, möglicherweise aus seiner Wahlheimat stammt. Es folgen eindringliche Gedichte, wo Altes und Neues verschmilzt, der Ritus der Heimkehr wird neu erfahren in der spannungsvollen Erwartung der Geliebten aus der Fremde, die mit Ehrfurcht die »grünen Früchte aus dem Garten/unten am Teich« aus der Hand des alten Familienpatriarchen entgegennimmt und sich freut auf den »ungewohnten Geschmack«. In diesen Bildern wird die Vergangenheit unmittelbar lebendig. Andererseits ist es gerade der Gebrauch der Vergangenheitsformen, der den Leser die »schlimmen Vorzeichen« ahnen lässt, mit denen der folgende Teil beginnt. Dieser trägt keinen Titel, an seiner Stelle steht aber – als eine Art Einleitung oder Übergang – eine eindrucksvolle Zeichnung von Gianfranco Pardi: Ein Kreis, der in einer ersten Zeichnung als Symbol für die glückliche Welt der Val d'Orcia stand, ist nun in Bruchstücke zerfallen. Die Erinnerungen drängen wie Maulwürfe im Frühling hervor: »I ricordi balzano fuori / dal fondo della terra / come le talpe in primavera.« Der Dichter spürt das Bedürfnis, den Erinnerungen nachzugehen, aber es fehlt noch die notwendige Distanz dazu, »und die zerfallenen Bilder / sinken zurück.« Selbst die Harmonie der schönsten Naturlandschaft wird hier zerrissen durch irgendein fremdes Element, wie z. B. das »stete Schnarchen eines versteckten Motors«. Nahe liegend ist die Assoziation mit einer Krankheit, die das Leben der Geliebten bedroht. Es ist, als ob die Natur den Schmerz des lyrischen Ich teilen würde, ein Schmerz, der in bestimmten Augenblicken in Verzweiflung übergeht, so wie bei der Erkenntnis vom unwiderruflichen Vergehen der Zeit. Doch bald nehmen die Bilder wieder Form an, man kann wenigstens von »Spuren« sprechen, wenn auch nur »verwischten«. (»Spuren« ist auch der Titel der letzten Sektion, mit der dritten Zeichnung von Gianfranco Pardi.) Die Suche nach den Spuren ist eine Erinnerungsreise, die Rückreise in eine glückliche, nun verlorene Zeit. Im letzten Gedicht kann man sogar an einen Abstieg in die Unterwelt denken, repräsentiert von den zwei Schalen, die (so wie im 11. Gesang der Odyssee) »erwarten im Dunkeln / die Trankopferspende«. Der immer wiederkehrende Bezug zur Mythologie ist ein weiteres Zeichen für die Nähe zu den Klassikern, die der Autor ein Leben lang pflegte, schon aus beruflichen Gründen, zuerst während seines Studiums der Germanistik, Anglistik und Philosophie an der Universität Cagliari, später (1962–1998) in seiner Tätigkeit als Dozent für italienische Sprache und Literatur an der Frankfurter Universität. Diese Vertrautheit prägt seine Lyrik, die vom Übersetzer Gerhard Goebel »irgendwo zwischen *Vita nuova* und Montales *Occasioni*« angesiedelt wird. Doch vor den konventionellen Symbolen und Metaphern der literarischen Tradition bevorzugt Sanna meistens eigene, ganz persönliche Motive. Triviale Bilder aus dem Alltag und der Konsumwelt stehen unvermittelt und unbeschwert neben romantischen Naturbildern. Vieles bleibt ungesagt, in Assoziation und Fragmenten verborgen. Der Leser soll sich selbst an der Erinnerungsarbeit beteiligen. Dabei helfen die Einführung von Christoff Neumeister und das Nachwort von Gerhard Goebel. Sie schaffen einen Rahmen für die Gedichte, indem sie die verschiedenen Momentaufnahmen sammeln und chronologisch ordnen, und bieten dem Leser eine Orientierungshilfe.

In fast altmodischer Manier schreibt Sanna der Poesie einen hohen Stellenwert zu: die Vergegenwärtigung erfüllter Augenblicke, in denen die Befreiung aus der Verzweiflung des Todes möglich scheint. Besonders wichtig sind hier einige der letzten Gedichte, die die Kindheit in der sardischen Heimat evozieren: »ich sehe die weißen Feigen wieder / auf den Bäumen (...) / rieche den Dunst / von Most und Trester / spüre den Geschmack der Karfiol- / und der Gemüsesuppe«. Die unmittelbare Sinnlichkeit dieser starken Eindrücke, die Kraft der Farben und Gerüche, vermag mehr zu vermitteln als manch andere mythologisch getönten Gedichte, die zu sehr im Geheimnisvollen verweilen. Nicht selten verfällt Sanna dabei dem Risiko einer Suche nach allzu manierierten Effekten (»il paupulare del pavone piumato«, S. 46: »das Pian des federspreizenden Pfauen«). Auch die Nähe zu Montale wird manchmal negativ betont durch unnötige Sympathien für einen hermetischen Stil.

Die elegante, sehr bewusste lyrische Sprache, mit der gelungenen Übersetzung von Gerhard Goebel, überrascht den Leser oft mit ungewohnten, völlig unerwarteten »Kontaminationen«, sei es durch Fremdwörter (meeting point, voyagers, identikit, relais du silence), sei es durch Zitate von Versatzstücken aus unserer Konsumgesellschaft (Coca-Cola, Uno, Marbella). Das Ergebnis ist ein spannungsvoller sprachlicher *Pastiche*, der in Kontrast steht zu der sonst rigoros klassischen Aura dieser Lyrik und gleichzeitig ihre interkulturelle Komponente unterstreicht. In einem gewissen Sinne ist Sanna ein Dichter »im Exil«, er gehört zu jener »Letteratura decentrata«, deren schwierige Identität er selber mitgeprägt hat. Würden seine Gedichte anders aussehen, wenn sie in Italien und für italienische Leser entstanden wären?

Olga Cerrato

Franco Sepe, *Autobiografia dei cinque sensi,* mit einem Vorwort von Fabrizia Ramondino, Nicolodi, Rovereto 2001

Ein langer, warmer Sommertag in einer süditalienischen Stadt. In den schattigen Räumen des Hauses schlummert die Familie im Nachmittagsschlaf. Nur der jüngste Sohn ist wach, schaut aus dem Fenster, reflektiert über sich selbst und die unbekannte Zukunft, die auf ihn wartet. Er hat gerade die Grundschule beendet, im Herbst wird er die Hauptschule besuchen. Wie sein Großvater ihm feierlich verkündete, bedeutet der Schulwechsel zudem den Beginn einer neuen Lebensphase, der Adoleszenz.

In seinem Buch *Autobiografia dei cinque sensi* [Autobiographie der fünf Sinne] beschreibt Franco Sepe diese unruhige Zeit, das Ende der Kindheit. Dargestellt werden vierundzwanzig Stunden im Elternhaus des Ich-Erzählers. Der Autor wählt dabei ein ebenso ungewöhnliches wie originelles Verfahren. Fünf Kapitel schildern vom frühen Nachmittag bis zum Mittagessen des nächsten Tages das Familienleben, wobei sich jedes Kapitel einem der fünf Sinne widmet. Den Nachmittag (»audire« [hören]) dominieren Impressionen des Hörens. Vom Rauschen einer Muschel angeregt, setzt sich der junge Protagonist mit existentiellen Fragen auseinander. Der Gedanke an zwei ertrunkene Kinder führt ihn zu einer ernsten Reflexion über den Tod. Es folgt ein beschaulicher Abend, den der Heranwachsende auf dem Balkon verbringt (»videre« [sehen]). Von dieser privilegierten Position aus kann er bequem die Filmaufführung im benachbarten Freiluftkino verfolgen. Die anschließende Nacht (»olfacere« [riechen]) ist dagegen weniger angenehm, denn er hat sich den Magen verdorben. Der Geruch der aufgestoßenen Magensäure beeinflusst seine unruhigen Träume, die alle Alltagssituationen evozieren. So erlebt er im Schlaf zum Beispiel wieder, wie sich seine Schulkameraden in den übel und zugleich nach scharfen Desinfizierungsmitteln riechenden Toilettenräumen der Schule treffen und untereinander kleine Spielsachen austauschen. Von einer Traumszene wird er zur nächsten geschaukelt, bis schließlich in der Morgendämmerung ein starkes Kaffeearoma in die stickige Luft seines Schlafzimmers dringt und ihn weckt. Der neue Tag entschädigt den Knaben. Auf die lästigen Bauchschmerzen der Nacht folgen jetzt phantasievolle Spiele, die auf einem angenehm kühlen Steinfußboden stattfinden (»tangere« [tasten]). Schließlich versammelt sich die ganze Familie zum Mittagessen (»gustare« [schmecken]).

Die Geschichte weist ein komplexes Erzählgerüst auf. Durch das Erinnern von Gehörtem, Gesehenem, Gerochenem, Betastetem und Geschmecktem gelangt die Erzählstimme auf eine tiefere narrative Ebene. Das erzählende Ich beschwört Erinnerungen und Gedanken des erzählten Ich herauf. Auf einmal ist es die erinnerte Hauptfigur, die sich Fragmente aus der früheren Kindheit ins Gedächtnis ruft. Der Junge evoziert nicht nur Situationen, die er als kleines Kind unmittelbar erlebte, er schildert auch Ereignisse, an die er sich unmöglich erinnern kann, da er entweder zu klein war, um derart präzise Erinnerungen haben zu können, oder noch gar nicht geboren war. *Autobiografia dei cinque sensi* besteht aus einem ständigen Oszillieren zwischen der Erinnerungsarbeit des erwachsenen Erzählers und der des erzählten Jungen. Damit stellt sich Franco Sepe in die Tradition von Marcel Proust. Das Nebeneinander unterschiedlicher zeitlicher Ebenen sowie die durch Sinneseindrücke angeregte Erforschung der Vergangenheit verweisen auf das Vorbild der *Recherche du temps perdu* [*Auf der Suche nach der verlorenen Zeit*]. In der Rekonstruktion der eigenen vergangenen Zeit geht es Sepe (nach eigener Aussage) jedoch nicht um den Modus der Erinnerung, sondern in erster Linie um die Auseinandersetzung mit einer sehr kurzen Phase unmittelbar vor der Pubertät. Darin unterscheidet sich *Autobiografia dei cinque sensi* von der traditionellen Erinnerungsliteratur, die ja meist eine in sich geschlossene Entwicklung von den ersten Verwirrungen der Pubertät bis zur Individuation des Protagonisten darstellt. Der Autor registriert hingegen die stillen Anzeichen einer vorpubertären Krise, die Ängste des Heranwachsenden, seine innere Rebellion gegen die Erwachsenen, die die Stationen seines Lebens bereits vorbestimmt sehen.

In dem Roman kommt der Sprache eine zentrale Bedeutung zu. Durch die Anekdoten, die abwechselnd der Vater, der Großvater oder die Tanten dem Protagonisten erzählten, wird die Welt Süditaliens vergegenwärtigt. Die Berichte der Familienmitglieder evozieren eine bald naive, bald erheiternde, oft heidnische Mentalität. Die Geschichte des Vaters, der während des Krieges von einem Bombensplitter verschont bleibt und darin den Fingerzeig eines Engels erkennen will, oder die amüsante Episode eines der Tante gespielten Streiches, gehören zu den schönsten Stellen des Buches. Erst die Verbalisierung des Vergangenen ermöglicht die Selbsterkenntnis des Menschen. Durch das Erzählen wird der Autor sich nicht nur seiner eigenen Identität, sondern auch der seiner Familie bewusst.

Autobiografia dei cinque sensi lässt neben Proust vor allem auch an Italo Calvinos Erzählungen *Sotto il sole giaguro* [*Unter der Jaguar-Sonne*] (it. Mailand 1986; dt. München 1991) denken. Wie Calvino beabsichtigt auch Franco Sepe, jede Geschichte jeweils über einen Sinn zu rekonstruieren. Das konsequente Verfolgen dieses literarischen Musters überfordert ihn jedoch manchmal. Nicht immer gelingt es Sepe, die einzelnen Kapitel ausschließlich einem Sinn zu widmen. Seine Schilderungen werden vorwiegend vom Sehvermögen gesteuert. So beschreibt das erzählende Ich zum Beispiel zu Beginn des fünften Kapitels »gustare« die Familienmitglieder, wie diese um den Tisch sitzen und auf das Essen warten: Einer hat die Serviette im Hemdkragen stecken, ein anderer auf das Bein gelegt, die Mutter steht am Tisch und verteilt die Teller. Das ist ein Erinnerungsbild. Der visuellen folgt eine akustisch ausgerichtete Schilderung: Die Erzählstimme fokussiert ihre Aufmerksamkeit auf die Geräusche, die jeder der Anwesenden beim Essen von sich gibt. Ein weiteres Beispiel: Im dritten Kapitel »olfacere« greift Sepe auf Träume zurück und will dabei Geruchsimpressionen verbalisieren. Der Traum ist jedoch hauptsächlich eine visuelle Erfahrung. Wie die Psychoanalyse nachgewiesen hat, werden im Traum alle Bedeutungen bis zu den abstraktesten Gedanken stets in Bildern ausgedrückt. In der Tat kann sich Sepe in diesem, dem Geruchssinn gewidmeten Kapitel der Faszination des Sehens kaum entziehen. Bei der Lektüre des »olfacere«-Kapitels dominieren Verben des Sehens (»mi vedevo«, »rivedevo«, »a quella immagine [...] associavo«, »scorgevo« [»ich sah mich«, »ich sah wieder«, »mit jenem Bild [...] assoziierte ich«]) sowie Ausdrücke, die auf optische Wahrnehmungen verweisen (»prendevano forma le facce attonite« oder »una fotografia mi ritraeva« [»überraschte Gesichter nahmen Gestalt an«, »ein Photo bildete meine Person ab«]).

Vielleicht aber hat Sepe die gestaltende Funktion der Sinneseindrücke der Autobiographie der eigenen, sich zu Ende neigenden Kindheit untergeordnet. Indem Franco Sepe wichtige Augenblicke seiner Vergangenheit wieder heraufbeschwört, schafft er zugleich seinen Selbstentwurf. Im Laufe der Erzählung nimmt sein psychologisches sowie künstlerisches Profil Gestalt an: die Neigung zum spekulativen Denken, die Begeisterung für Kino und Photographie, die intensive Beobachtung von Personen und Natur, das ausgeprägte Interesse für das gesprochene und das geschriebene Wort. Wenn diese Vermutung zutrifft, dann ist der Titel unvorteilhaft, da er unmittelbar an Calvino denken lässt.

Die wenigen Kritikpunkte können jedoch das positive Urteil über das Buch nur bedingt beeinträchtigen. Franco Sepe ist ein Meister der leisen Töne. Mit *Autobiografia dei cinque sensi* hat er ein weises, stilles, ruhiges und moderates Buch vorgelegt. Die Form der Erzählung ist durchweg klassisch. Die Kunst Franco Sepes besteht darin, das Maß von Anfang bis Ende durchzuhalten und immer wieder Momente eindringlich zu verdichten.

Maria Carmen Morese

Nanni Delbecchi, *I giocatori. Viaggio nell'Europa dei casinò*, Milano: Feltrinelli Traveller, 2000, 216 S., Lit. 22 000/Euro 11,30

Die Themenbereiche Identität und Fremdheitserfahrung haben Konjunktur. Seitens der Literaturkritik erfährt der Reisebericht als Textsorte bzw. die Gruppe jener Texte, die unter das Stichwort »viaggi« (Reisen) fallen, gegenwärtig eine Aufwertung, die umso positiver ausfällt, je stärker der Interpretation kultureller Alterität Kriterien der Literarizität innewohnen. Eben diese Parameter versucht auch die literarische ›Lehnstuhlreise‹ des 1957 geborenen Mailänder Journalisten Nanni Delbecchi zu verbinden. Seine jüngste Neuerscheinung ist eine protokollarisch-fiktionale Niederschrift imaginärer, gleichwohl wirklichkeitsverhafteter Fremdlanderfahrung, die den lesenden »armchair-traveller« durch acht europäische Länder führt: Norditalien, Schweiz, Frankreich, Belgien, Niederlande, Deutschland, Tschechien und Österreich. Hier suchen die beiden Protagonisten des Buches, das zwischen einem geschichtlich-geographischen Abriss von der Welt der ›Spieler‹ im Allgemeinen und dem oberflächlichen Erlebnishorizont eines namenlosen Ich-Erzählers und dessen Freund Mario im Besonderen oszilliert, insgesamt siebzehn historische Spielkasinos im Herzen Europas auf. Die zwei jungen Männer versuchen im kultiviert-dekadenten Ambiente eines Kontinents von heute, auf dem die Spuren der Zeit noch sichtbar, der vermeintliche Glanz ferner Tage und ein Hauch von Belle Époque noch zu erahnen sind, ihr ganz konkretes Glück zu machen. Die Beschreibung ihrer Tour d'Europe dient als Leitfaden für die Präsentation diverser Städte und Kurorte, deren Gemeinsamkeit das Angebot mindestens eines Spielhauses ist. Der Erzähler nimmt die scheinbar spontan aneinander gereihten Stippvisiten zum Anlass, um historische Hintergründe zu skizzieren und über Anekdoten aus dem literarischen Leben sowie über Techniken und Gebräuche beim Spiel am Roulettetisch zu informieren. Authentischer Reisebericht und fiktive Begebenheiten, die dokumentarische Schilderung einer effektiven Reise(-route) und deren phantastische Entgrenzung berühren sich und bilden zusammen den Erzählstrang des offenbar am 2. Juli 1999 (S. 213) fertig gestellten Textes.

Die Disposition des Inhalts, die Historie der *giocatori* (Spieler) entfaltet sich langsam und bedächtig: Im goldenen Herbst, gegen Ende September brechen die zwei männlichen Hauptfiguren mit ihrem Rover wie jedes Jahr von Mailand aus zu einer Reise durch die Spielhäuser Mitteleuropas auf. Ihr hypothetisches Ziel sind wie immer die Poker-Weltmeisterschaften in Las Vegas, doch die beiden erreichen Amerika – ebenfalls wie gewohnt – nicht. Das Glück ist ihnen nicht hold genug, um sich den unbescheidenen Mindesteinsatz von 10 000 US-Dollar zu erspielen. Stattdessen besuchen Mario und der Erzähler das legendäre Casino in San Remo, fahren an der Côte d'Azur über Monte Carlo und Cannes weiter, um dann gen Norden abzudrehen und den »Kursaal« in Montreux am Genfer See aufzusuchen. Geschickt nutzt der Erzähler hier (wie er es in ähnlicher Weise an vielen anderen Stellen tut) die Gelegenheit, um die Spielleidenschaft von Fjodor Dostojewskij zu thematisieren, den es 1867 zusammen mit seiner jungen Frau Anna Grigorevna nach Genf verschlagen hatte. Dorthin lockt es auch die zwei Reisenden. Ein Spaziergang führt sie durch die Altstadt, bevor sie zur französischen Westküste aufbrechen. Das belgische Ostende mit seinem in den zwanziger Jahren sehr schönen, nunmehr jedoch heruntergekommenen Kursaal-Casino und das niederländische Nimwegen sind die Stationen, über die es nach

Deutschland geht. Erst in diesem letzten Drittel des Buches (ab Kap. 24/25) scheint die Protagonisten wahre Begeisterung zu packen. Mit Überschreiten der Landesgrenzen nach Deutschland weckt bereits ein Wiener Schnitzel, eingenommen in einem Rasthof kurz vor Osnabrück, die Lebensgeister der Weitgefahrenen. Der Kurpark von Bad Oeynhausen (als »Bad Oyenhausen« leider durchweg falsch geschrieben) an der Weser, südwestlich von Minden, hat es ihnen gleich angetan: Es ist, wie die Kapitelüberschrift (»Colpo di fulmine« [Blitzschlag]) bereits verrät, ›Liebe auf den ersten Blick‹. Mario erzielt seinen ersten größeren Gewinn auf dieser Fahrt. Nach einem morgendlichen Saunabesuch ziehen ›die Spieler‹ weiter nach Süden, wo auf den dreihundert Kilometern zwischen Bad Homburg und Baden-Baden die berühmtesten deutschen »Bäder« liegen. Die beiden Freunde blühen zunehmend auf; detailliert legt der Erzähler die Geschichte der 1837 angebrochenen ›goldenen Zeit‹ der Kurbäder im Rheinischen und die Erfolgsstory von Bad Homburg dar, wo die aus Paris durch Schließung der Spielhäuser unter Louis-Philippe vertriebenen Gebrüder Blanc das moderne Roulette erfanden und dadurch der hessischen Kurstadt zu europäischem Ruhm verhalfen. Und wieder kommt Dostojewskij ins Spiel, dessen Roman *Der Spieler* in einem fiktiven Ort namens »Rulettenburg« angesiedelt ist, auf dessen Spuren sich Mario und der Erzähler begeben. In Bad Neuenahr winkt noch ein Gewinn: Die beiden haben nun gut 22 000,- DM zusammen. Doch im tschechischen Marienbad werden sie wieder alles verlieren, und auch im österreichischen Baden vor den Toren Wiens, wohin sich bereits Hermann Hesse nach den schriftstellerischen Mühen am *Siddharta* zur Kur begab und wo die beiden Reisekameraden im Hotel auf einen Landsmann aus Rom (»Bruno«) treffen, geht es finanziell weiter bergab. Erst auf deutschem Boden erholen sie sich wieder: Baden-Baden hebt den Ich-Erzähler über die 7000-DM-Grenze – doch dann verlässt ihn das Spielerglück erneut. Deutschland scheint ihn dennoch irgendwie zu beflügeln; er kehrt mit seinem Begleiter im »Ramada« von Konstanz ein und vergnügt sich, alter Zeiten gedenkend, am Spielautomaten. Mit einer fast zeitlos anmutenden Hingabe frönen ›i giocatori‹ selbst vor der prosaischen ›slot machine‹ ihrer Neigung. Am Luganer See in Campione verspielen sie ihr letztes Geld, reisen dennoch guter Dinge heim.

Wenngleich es dieser ›Geschichte einer Reise‹, die durch unterhaltsame, umgangssprachliche Wortwechsel zwischen den Freunden aufgelockert ist, gewiss an philosophischem Tiefgang fehlt und ihre Funktion sich darin erschöpft, einen minimalistisch reduzierten Plot darzustellen, der die Geographien verschiedener Räumlichkeiten wie eine Klammer umschließt – obwohl sie, in anderen Worten, nur ein sehr eingeschränktes Panorama Europas bruchstückhaft illustriert, so ermangelt es diesem in erster Linie sachlich orientierten Text doch nicht an literarisch zu nennenden Kunstgriffen: Der Titel *I giocatori* bezieht sich intertextuell auf besagtes Werk *Der Spieler* von Dostojewskij. Der Beginn des *Viaggio nell'Europa dei casinò* [Reise durch das Europa der Casinos] erinnert mit der eingangs deutlich werdenden Midlifecrisis von Mario, der kurz vor seinem 37. Geburtstag steht, an Dantes *Divina Commedia* und stellt gleichzeitig einen eleganten Bezug zur (Unter-?)Welt des Roulettespiels her, in dem es die Zahlen 0 bis 36, also insgesamt 37 Zahlen gibt. Kompositorisch durchdacht wirkt aus struktureller Sicht Delbecchis analoge Einteilung des Buches in 37 Kapitel. Mit einer angenehmen Portion Ironie und Humor begegnen die beiden – freilich in ihrer Figurencharakterisierung eindimensional bleibenden – Protagonisten den Eigenheiten der Länder, die sie bereisen, sowie den Mentalitäten, auf die sie treffen. So sehr sich der deutsche Leser darüber freuen dürfte, dass sein Land in einem durchaus positiven Licht erscheint – es ist schade, dass die Geschichte erst relativ spät wirklich in Schwung kommt. Der Bericht über die ersten vierzehn Etappen wirkt eher nüchtern; die beiden Italiener geben sich europäisch-verhalten: bildungsbeflissen, neugierig, weltoffen zwar, aber von der atmosphärisch-unterschwelligen Tendenz her auch materiell gelangweilt und desillusioniert. An der (typisch italienischen) Macht des Aberglaubens beim Spielen hält der Ich-Erzähler fest, während Mario mit seinen Wahrscheinlichkeitstheorien den nordisch-rationalen Typus verkörpert. Ein typisch ›italienisches‹ Manko allerdings ist es, dass Delbecchi bei literarischen Zitaten (aus der Weltliteratur rund um das Thema des Spiels und Spielens) auf eine genaue Quellenangabe verzichtet und die verwendeten Ausgaben – ob nun von Dostojewskij, Puschkin, Landolfi oder Piero Chiara – nur im Anhang (S. 214) ohne Seitenangaben und direkten Zitatbezug summarisch aufführt.

Dagmar Reichardt

Katalog: Kunst- und Ausstellungshalle der Bundesrepublik Deutschland (Hg.): *4 : 3 – Fünfzig Jahre italienisches und deutsches Design*, 320 Seiten, Bonn 2000. Die Buchhandelsausgabe erschien beim Cantz-Verlag, Ostfildern 2000 (98 DM).

In der zweiten Jahreshälfte 2000 widmete sich die Kunst- und Ausstellungshalle der Bundesrepublik Deutschland in Bonn einem Vergleich von deutschem und italienischem Design. Titelgebend war das legendäre Fußballspiel zwischen Deutschland und Italien zur Weltmeisterschaft 1970 in Mexiko, bei dem die Italiener den Sieg davontrugen. Trotz der gedachten Nähe zum Fußball fand ein gegenseitiges »Kräftemessen« in der Ausstellung glücklicherweise nicht statt. Gezeigt wurde Grafik- und Produktdesign, wobei die bekannten Klassiker des Interiordesigns (*sacco, blow, bocca* und einige *Braun*-Geräte) den Auftakt bildeten, manches aber leider konzeptionslos wie auf einer Messe präsentiert wurde. Wie befürchtet, gaben sich die Ausstellungsmacher auch diesmal den Klischees des von Funktion und kühlen Farben geleiteten deutschen Designs, wie es die Hochschule für Gestaltung in Ulm und die Firma *Braun* vertrat, hin und kontrastierten es dem verspielten, bunten Gestaltungswillen der Italiener, die gleich zu Beginn der Ausstellung mit einem Karussell von *Alessi*, auf dem sich Miniaturküchengeräte namhafter Designer zu einer an Nino Rota angelehnten Musik ironisch auf- und abbewegten, präsentiert wurden. Schaut man sich aber gerade diese und andere der italienischen Szene zugerechneten Designer genauer an, so befinden sich darunter der Amerikaner Michael Graves, der Franzose Philippe Starck und auch der Deutsche Richard Sapper, dessen *Tizio*-Leuchte aus den frühen 70er Jahren heute als Vorzeigeobjekt für italienisches Design gilt. Andererseits wurde der Italiener Ettore Sottsass, der durch seine an Bauklötze erinnernden Möbel bekannt wurde, durch Hans von Klier beeinflusst, einem strengen Absolventen der HfG Ulm; zusammen entwickelten sie mehrere Schreib- und Rechenmaschinen für *Olivetti*. Die Festlegung auf italienisches oder deutsches Design ist demnach eine untaugliche Kategorie. Leider versäumten Ausstellung und Katalog, das Nationale zurückzustellen zugunsten einer Betonung der inhaltlichen und konzeptuellen Unterschiede. Gestalter wie Dieter Rams fördern solche nicht sachhaltigen Trennungen, indem er öffentlich seit Jahrzehnten anprangert, dass in Italien angeblich sowieso jede verrückte Gestaltungsidee einen Hersteller findet.

Die »jüngere« deutsche Generation gibt sich seit den 80er Jahren witzig. Wie jedoch Harald Hullmann von der Designergruppe *Kunstflug* und ein Vertreter des Neuen Deutschen Designs in einer begleitenden Podiumsdiskussion bemerkte, war es ihm und seinen Kollegen damals daran gelegen, die »Überväter« der Gestaltung (z. B. Max Bill oder Dieter Rams) zu stürzen, während junge italienische Designer wie Massimo Zucchi die Zusammenarbeit mit der älteren Generation als sehr fruchtbar und bereichernd empfinden, ohne ihr unbedingt folgen zu müssen. Das in Italien entwickelte Projekt *40/80*, unter dem die Designer Ferruccio Laviani (*1958) und Achille Castiglioni (*1918) für *Moroso* einen Lounge-Sessel (leichtes Metallgestell mit einer Sportswear-Textilbespannung) entwarfen, bestätigen diese Aussage.

Zur Ausstellung erschien ein opulenter, gestalterisch sehr geglückter Katalog, den man eher ergänzend als begleitend auffassen sollte. Es ist ein Aufsatzband in sechs Kapiteln – Relationen, Bedingungen, Zwischen-Räume, Verbindungen, Transformationen, Reputationen – mit Beiträgen von Designwissenschaftlern (wie Volker Albus, Uta Brandes, Michael Erlhoff), Designern (wie Andrea Branzi und Uwe Loesch), Architekten und Firmen. Die Aufsätze sind nicht für ein Fachpublikum geschrieben, sind zum größten Teil unterhaltend und anregend, stehen aber nicht unbedingt immer im direkten Bezug zur Ausstellung. Ein langer Aufsatz des Philosophen Gianluca Bocchi behandelt die Weltmeisterschaft 1970, was den Ausstellungstitel zu wichtig nimmt. In der Einleitung versucht Kurator Michael Erlhoff den Ausstellungstitel zu verteidigen, um dann zu resümieren, dass Design nichts mit Fußball zu tun habe. Sein Ziel der Ausstellung war vielmehr, Arbeits- und Denkoperationen deutlich zu machen.

Ein großer Teil der Texte beschäftigt sich mit den deutsch-italienischen Beziehungen, mit dem Nationalcharakter beider Länder und den jeweiligen Vorurteilen. Was von italienischer wie deutscher Seite bedauernswerterweise überwiegend betrieben wird, ist nicht nur, wie oben schon angedeutet, ein Unterstreichen der Unterschiede, was ja positiv gesehen Gesamtvielfalt bedeutet, sondern auch das Hineinlegen einer Wertung in diese Unterschiede – manche deutsche Wissenschaftler versäumen es auch nicht, ihre Geringschätzung gegenüber italienischen Kollegen zu äußern, wie es auch auf der o. g. Podiumsdiskussion geschah (witzigerweise »stritten« sich dort auch Nord- und Süditaliener darüber, was italienisch sei, z.B. das Aufregen über eine Beule im Auto sei typisch für Norditaliener). Die Assoziationen zu »made in Germany« oder »made in Italy« sind allenfalls für den Markt tauglich und verständlich, sollten aber in diesem Kontext überholt sein. »Heute sind beide Kulturen überwunden«, schreibt der italienische Designer, Architekt und Theoretiker Andrea Branzi in seinem sehr überzeugenden Aufsatz über das Neue Deutsche Design »weil es keinen Unterschied mehr zwischen Gesellschaft und Industrie gibt«.

Interessant bezüglich der Frage »Was ist italienisches oder deutsches Design?« ist auch der Text von Günter Höhne zum DDR-Design. Höhne berichtet von dem Designerduo Ecke und Panier, dessen Leuchte *Clip+Clap* zu DDR-Zeiten (entwickelt 1985) nie in Produktion ging und dessen genaue Nachbildung Ecke 1998 auf der Frankfurter Tendence-Messe entdeckte – nun unter dem italienischen Label der römischen Firma *Slamp*, die sich ihre Anregung aus der DDR-Schrift *form+zweck* geholt hatte – die »olle DDR« stand Pate für das als spritzig, lebendig, espritreich, formvollendet geltende italienische Design.

Die Vorstellung einzelner Designer (z.B. Sottsass, Mendini, Bellini, Castelli Ferrieri, Rams, Loesch, Aicher, Grcic), Firmen (Alessi, Kartell, frogdesign, Miele, FSB, Festo), Gruppen (Alchimia, Kunstflug) geschieht im Katalog durch eigene Statements oder Fremdtexte, z.T. als Zweitabdruck aus anderen Publikationen, durch Entwurfszeichnungen zu Objekten oder dem Ausstellungsdesign, Fotos sowie durch Kurzbiografien.

Elisabeth Wynhoff

Zu den Autoren

Silvia Andreetto. – Studium der Klassischen Philologie an der Universität Genua. Seit 1995 freie Journalistin u. a. für die ligurische Lokalredaktion in *Il Secolo XIX*. Redakteurin der *Rivista della Biblioteca Civica di Alassio.*

Silvio Astengo. – Studium der Rechtswissenschaften und Italianistik. Gymnasiallehrer, Publizist, Redakteur der Zeitschrift *Resine*. Schwerpunkt: »Grand Tour«, v. a. Reiseliteratur und Vedoutenmalerei zu Ligurien, Organisation zahlreicher Ausstellungen zu diesem Thema.

Giampiero Barone. – Tätigkeit in den Bereichen Werbewirtschaft und Marketing. Seit 1957 Mitglied der »Società italiana degli Autori ed Editori«. 1999 Publikation des Aphorismenbandes *Il dizionario ironico.*

Massimo Boero. – Studium der modernen Sprach- und Literaturwissenschaft mit einer Abschlussarbeit zum Thema »Englische Musikterminologie im zeitgenössischen Italienisch (1964–1988)«. Publizist und Journalist u. a. für *La Stampa*; Korrespondent mehrerer Zeitungen und Zeitschriften (z.B. *Ciao 2001*) für das Festival von San Remo.

Giovanni Bogliolo. – Prorektor der Universität von Urbino. Schriftsteller und Literaturkritiker (v. a. zur französischen Literatur). Herausgeber und Übersetzer der Werke Gustave Flauberts für die Reihe *Meridiani* des Verlages Mondadori (Mailand). Präsident des Literaturpreises »Un autore per l'Europa«.

Francesca Brunetta, geb. 1953 in Udine. – Studium der Slawistik und Germanistik in Udine, seit 1985 Italienischdozentin und seit 1994 im Sprachenzentrum der Universität Potsdam tätig.

Olga Cerrato, geb. 1966 in Venaria (Turin). – Studium der Germanistik und Italianistik in Turin. Veröffentlichungen zum Thema »Literarische Beziehungen zwischen Deutschland und Italien« (*La Berlino degli italiani*, 1997). Seit 1994 Lektorin für Italienisch an der Universität Potsdam.

Franco Gallea, geb. 1933 in Alassio. – Gymnasiallehrer für Griechisch und Latein. Leiter der »Consulta delle Associazioni Culturali Liguri«. Gründer und Vorsitzender der Kulturvereinigung »Amici di Peagna«, Organisator der »Rassegna dei Libri di Liguria«. Moderator der »Incontri con l'autore« der Bibliothek Alassio.

Helene Harth, geb. 1940 in Frankfurt a. M. – Studium der klassischen Philologie, Philosophie und Romanistik. Seit 1992 Professorin für romanische Literaturwissenschaft an der Universität Potsdam. Veröffentlichungen u. a. über P. Valéry, den »Nouveau roman«, J.-P. Sartre, L. Sciascia, V. Brancati.

Titus Heydenreich, geb. 1936 in Hamburg. – Studium der Romanistik und Germanistik. Seit 1977 Professor an der Universität Erlangen-Nürnberg. Im Bereich der Italianistik Veröffentlichungen u. a. über Themen und Autoren des 19. und 20. Jahrhunderts.

Hans Hinterhäuser, geb. 1919. – Emeritus der Universität Wien. Die bisher letzten Buchpublikationen: *Streifzüge durch die romanische Welt*, Wien 1989; *Italienische Lyrik im 20. Jahrhundert*, München 1990; *Poetischer Rom-Führer*, Darmstadt 1997.

Henriette Klose, geb. 1972 in Berlin. – Studium der Allgemeinen und Vergleichenden Literaturwissenschaft, Theaterwissenschaft, Italianistik in Berlin, Wien und Siena. Unterrichtet derzeit an der »Università degli Studi Roma Tre« Deutsch und schreibt an ihrer Dissertation.

Maria Carmen Morese, geb. in Pompeji (Italien). – Studium der Germanistik, Romanistik und Kunstgeschichte in Neapel, Hannover, Luxemburg und Jena. Promotion in romanischer Literaturwissenschaft an der Friedrich-Schiller-Universität Jena (*Poetik des Bilds. Das literarische Werk Lalla Romanos)*; betreut derzeit das Ressort Literatur des Italienischen Kulturinstituts Berlin.

Giacomo Nervi. – Studium der Politikwissenschaft. Ausbildung zum Reiseführer der Region Ligurien (Provinz Savona). Journalist für verschiedene Lokalzeitungen.

Mitautor von *Il sentiero delle Terre Alte*.

Massimo Quaini, geb. 1943 in Celle Ligure. – Lehrt Humangeographie an der Universität Genua und ist Präsident des Studiengangs »Conservazione dei Beni Culturali«. Wichtigste selbständige Veröffentlichungen: *La costruzione della geografia umana* (1976), *Marxismo e geografia* (1975), *Carte e cartografi in Liguria* (1986), *Tra geografia e storia: un itinerario nella geografia umana* (1994), *Mediterraneo, cibo e cultura* (1998). Forschungsgebiete: Landschaft und territoriale Organisation, Landschaftsplanung in Ligurien und das Verhältnis von Landschaft und Literatur. Unter den zahlreichen Artikeln u. a.: »La Liguria invisibile« (in: *Storia d'Italia, le regioni. Dall'Unità ad oggi*, Torino 1994).

Dagmar Reichardt, geb. 1961 in Rom/Italien. – Studium der Philosophie und Romanistik in Frankfurt a.M., Urbino und Hamburg; Promotion über *Das phantastische Sizilien Giuseppe Bonaviris* (Peter Lang, 2000). Seit 1997 Lehrtätigkeit an der Universität Hamburg. Veröffentlichungen zu literatur- und kulturwissenschaftlichen Themen der europäischen Moderne.

Franco Sepe, geb. 1955 in Fondi (Latium). – Lebt seit 1979 in Berlin. Literatur-, Film- und Theaterkritiker. Lektor am Institut für Romanistik der Universität Potsdam und Mitarbeiter verschiedener Zeitschriften. Als Autor hat er veröffentlicht: *Elegiette berlinesi* (1987), *L'incontro* und *Berlinturcomedea* (1990), *Autobiografia dei cinque sensi* (2001).

Erhard Stölting. – Professor für Allgemeine Soziologie an der Universität Potsdam. Arbeitsschwerpunkte: Geschichte der Soziologie, Informelle Strukturen, Machtbildungsprozesse und ihre öffentliche Repräsentation.

Romano Strizioli. – Korrespondent für *La Stampa*. Inhaber der lokalen Presseagentur »I&C«. Langjähriger Leiter des Pressebüros der »Azienda die Soggiorno di Alassio«. Publikationen u. a. *L'isola Gallinara*; *La Fiat 500 – La piccola grande auto che ha aiutato gli italiani a crescere* und über die Resistenza *Il sentiero di Fischia il Vento*.

Silvio Torre. – Journalist für nationale Tageszeitungen in Rom und Mailand. Zusammenarbeit mit der RAI und mit Radiomontecarlo. Leiter des Pressebüros der Region Ligurien. Mitglied der »Accademia italiana della Cucina«. Publikationen u.a. *Colombo – Un nuovo mondo a tavola*; *Su e giù per boschi fra vigne e ulveti* (Camera di Commercio di Savona); *Stoccafisso e Baccalà* (Rusconi); *Il grande libro della cucina ligure*. Preisträger des »Chianti Ruffino«.

Elisabeth Wynhoff, geb. 1962 in Kleve/Ndrh. – Studium der Kunstgeschichte, Italianistik, Klassischen Archäologie an der Bonner Universität. Tätig am Institut für Kunst- und Designgeschichte der Bergischen Universität Wuppertal. Buchveröffentlichungen: *Elisabeth Coester* (1996), *Hans Karl Burgeff* (1998), *Heinrich Campendonk – Das Kokoschka-Erlebnis und die Folgen* (2001), zahlreiche Aufsätze in Fachzeitschriften, Lexika, Kunstkatalogen.

Die Deutsche Bibliothek – CIP-Einheitsaufnahme

Zibaldone : Zeitschrift für italienische Kultur der Gegenwart. –
Hamburg : Rotbuch Verlag
Bis 19 (1995) im Verl. Piper, München, Zürich
ISSN 0930-8997
Schwerpunkt: Ligurien
hrsg. von Helene Harth und Titus Heydenreich. –
Hamburg : Rotbuch Verlag, 2001
(Zibaldone ; No. 32)
(Rotbuch-Taschenbuch ; 2012)
ISBN 3-434-54805-X

Zibaldone, Zeitschrift für italienische Kultur der Gegenwart,
erscheint zweimal jährlich.
Einzelheft im Handel DM 22,80, im Abonnement DM 16,80
Jahresabonnement DM 33,60 (inkl. MwSt., zuzüglich Porto)
Anzeigen an: Jürgen Determann, Rotbuch Verlag, Bei den Mühren 70,
20457 Hamburg, Tel. 040/45 01 94 30.

Manuskripte nur an die Herausgeber: Prof. Dr. Helene Harth, Institut für Romanistik, Universität Potsdam, Postfach 601553, 14415 Potsdam;
Prof. Dr. Titus Heydenreich, Institut für Romanistik der Universität Erlangen-Nürnberg, Bismarckstr. 1, 91054 Erlangen
Unverlangt eingesandte Manuskripte werden in der Regel nicht kommentiert und nur zurückgesandt, wenn Rückporto beiliegt.

Sofern nicht anders angegeben, handelt es sich bei allen Beiträgen um Erstveröffentlichungen.